KB263934

청소년을 위한
행복에너지

청소년을 위한 행복 에너지

초판 1쇄 발행 2013년 11월 11일

지은이 **조영탁** · 발행인 **권선복** · 편집주간 **김정웅** · 편집 **김소영, 김호연, 조웅연** · 디자인 **최새롬, 박연주** · 마케팅 **서선교** · 전자책 **신미경** · 발행처 **도서출판 행복에너지** · 출판등록 제315-2011-000035호 · 주소 (157-010) 서울특별시 강서구 화곡로 232 · 전화 0505-613-6133 · 팩스 0303-0799-1560 · 홈페이지 www.happybook.or.kr · 이메일 ksbdata@daum.net

값 15,000원
ISBN 979-11-5602-017-2   13300

Copyright ⓒ 조영탁, 2013

도서출판 행복에너지는 독자 여러분의 아이디어와 원고 투고를 기다립니다. 책으로 만들기를 원하는 콘텐츠가 있으신 분은 이메일이나 홈페이지를 통해 간단한 기획서와 기획의도, 연락처 등을 보내주십시오. 행복에너지의 문은 언제나 활짝 열려 있습니다.

도서출판 행복에너지 홈페이지를 방문하여 회원가입 하시면 신간발행 소식과 함께 (주)휴넷 조영탁 대표님의 행복한 경영이야기 소식을 전송하여 드립니다.

도서
출판 행복에너지

조영탁의 행복한 경영이야기
청소년 편

청소년을 위한
위한
행복 에너지

조영탁 지음

코이라는 일본 관상어는 어항 속에서 5cm, 수족관에서 25cm 자랍니다. 그런데 시냇가에 방류되었을 때는 1미터까지 자란다고 합니다. 원래 모든 코이는 1미터까지 자랄 수 있는 잠재력(?)을 가지고 태어나지만 자신이 처한 환경에 따라, 5cm, 25cm밖에 자라지 못하고 생을 마감하는 것입니다.

사람도 마찬가지입니다. 사람은 누구나 할 것 없이 무한한 잠재력을 가지고 태어납니다. 그러나 처한 환경에 따라, 혹은 자신의 꿈과 생각, 노력 여하에 따라 어떤 이는 잠재력의 5%, 또 어떤 이는 10%, 20%를 발휘하다 인생을 마치게 됩니다.

단 한 번밖에 주어지지 않은 소중한 내 인생을 어떻게 하면 멋지게, 신나게, 행복하게 살아갈 수 있을까? 하는 것은 우리 모두에게 주어진 숙제라 할 수 있습니다.

인생의 목적에 대한 진지한 성찰에서 비롯된 원대한 꿈과 비전을 갖고, 긍정적 마인드를 바탕으로 한 열정적인 삶과 노력을 꾸준히 지속한다면, 그리고 평생 학습과 일을 즐기면서 인성에 기초한 인간관계와 리더십을 발휘한다면 누구나 자신의 잠재력을 극대로 발휘하는 삶, 즉 행복한 성공의 길로 들어설 수 있습니다.

10년 전 어느 날 '어차피 하는 공부라면 남들과 함께 나누자'는 소박한 생각으로 조영탁의 행복한 경영이야기를 시작했습니다. 권당 하나의 주제, 주제당 한 시간을 가정할 경우 대략 2,500여 권의 책, 2,500시간을 행복한 경영이야기에 투자했다 할 수 있습니다.

행복한 경영이야기 덕분에 가장 행복한 사람은 바로 저입니다. 행복한 경영이야기 덕분에 10년이라는 세월동안 신나게 공부하고 활기차게 생활할 수 있었습니다. 소위 '10년 법칙'처럼 꾸준한 학습 덕에 경영과 리더십, 인생을 살아가는 법을 조금은 터득하게 되었습니다.

청소년, 대학생, 직장인 할 것 없이 인생의 성공법칙은 늘 같다고 할 수 있습니다. 보다 일찍 인생을 살아가는 지혜를 깨달

을수록 보다 멋진 인생을 살아갈 수 있는 가능성은 높아진다 하
겠습니다.

2,500여 회의 행복한 경영이야기 중에 사랑하는 우리 자녀들
에게 꼭 들려주고 싶은 이야기만을 골라 '청소년을 위한 행복에
너지'로 엮었습니다.

본서가 미래를 향한 힘든 항해를 하고 있는 청소년들에게 꿈
과 희망을 심어줄 수 있다면, 긍정에너지와 열정을 심어줄 수
있다면, 나 혼자가 아닌 더불어 성장할 수 있는 올바른 성품을
심어줄 수 있다면, 행복하고 성공적인 삶을 살아갈 수 있는 좋
은 습관을 심어줄 수 있다면 그 무엇보다도 저는 기쁠 것 같습
니다. 아무쪼록 본서가 여러분의 행복한 성공에 도움이 되기를
기원합니다.

조영탁

목차

조 영 탁 의 행 복 한 경 영 이 야 기
청소년 편

꿈과 비전

한 번뿐인 소중한 인생, 가치 있게 살자

목표를 설정할 때 마술은 시작된다

가능하면 큰 꿈을 꾸자

꿈을 공표하고 꿈을 향해 꾸준히 나아가라

한 번뿐인 소중한 인생,
가치 있게 살자

인생이라는 연극의 주인공은 바로 나다

"사람이란 태어날 때 각자 한 권의 연극 각본을 갖고 탄생한다. 그 각본의 저자도 자기요. 감독도 자기요. 주연도 자기다. 그리고 그 각본대로의 한 마당 연극이 사람의 일생이다. 이왕 연극할 바에는 멋들어지게 해야 할 것이 아닌가?"

— 경봉스님

촌철활인 | 한 치의 혀로 사람을 살린다

연극은 작가와 감독이 하기에 따라 희극이 되기도 하고 비극이 되기도 합니다. 인생이라는 연극의 작가와 감독은 바로 '나'입니다. 내가 패배와 실패의 이미지를 그리면 실패자의 인생을 살게 됩니다. 반면에 승리와 성공, 기쁨과 행복, 평화의 이미지를 떠올리면 아무리 큰 장애물이 있더라도 반드시 그런 인생을 살게 됩니다.

나의 가능성은 무한하다

"모든 사람들의 마음속에는 좋은 소식이 있다. 바로 자기 자신이 얼마나 위대해질 수 있는지, 얼마나 많은 사랑을 베풀 수 있는지, 얼마나 많은 것들을 이룩할 수 있는지, 잠재력이 얼마나 큰지 모를 만큼 한계가 없다는 것이다."

– 안네 프랭크(Anne Frank)

촌철활인 | 한 치의 혀로 사람을 살린다

윌리엄 제임스 하버드대 교수는 "인간은 평생 자신에게 잠재된 능력 중에서 불과 5~7%밖에 사용하지 못한다. 그리고 그것이 자신의 모든 능력이라고 믿으며 살아간다."라는 연구결과를 발표했습니다. 우리는 "자신의 인생을 싼값으로 취급하는 사람에게 인생은 그 이상을 지불하지 않는다."라는 사실을 기억할 필요가 있습니다. (나폴레온 힐)

천재성에 대한 새로운 해석

"우리 모두에게는 각자의 천재성이 있다. 천재라고 하면 자신과는 상관 없는 이야기라고 말하는 사람이 많다. 내가 말하는 천재성은 일반적 정의 와는 다르다. 다른 사람의 능력과 비교해서 뛰어난 능력이 아니라 자기 안 에 이미 깃들어 있는 능력 가운데 가장 뛰어난 능력이 바로 천재성이다. 그 리고 이 천재성이야말로 앞으로 자신이 할 일을 찾아내는 데 중요한 열쇠 가 된다."

– '꿈 PD 채인영입니다'에서

촌철활인 | 한 치의 혀로 사람을 살린다

모두가 같은 분야에서 No.1 경쟁을 하게 되면 한 명의 승자 를 제외하곤 나머지 모두는 패배자가 됩니다. 그러나 모두가 자 신이 가진 특별한 천재성을 발견해 그 분야에서 Only one을 추 구하게 된다면, 모두가 해당 분야에서 No.1이 될 수 있습니다.

한계는 우리가 생각하는 순간
만들어진다

사람들의 한계는 짐작도 할 수 없다. 세상의 온갖 검사로도 인간의 잠재력은 측정할 수 없다. 꿈을 좇는 사람은 한계로 여겨지는 지점을 넘어 훨씬 멀리까지 나아간다. 우리의 잠재력에는 한계가 없고 대개는 아직 고스란히 묻혀 있다. 한계는 우리가 생각하는 순간 만들어진다.

– 로버트 크리겔 & 루이스 패틀러

촌철활인 | 한 치의 혀로 사람을 살린다

"꿈꿀 수 있다면 이룰 수 있습니다. 한계는 바로 당신 자신 안에 있습니다."(브라이언 트레이시)

"인간의 정신은 새로운 생각으로 확대되고 나면 원래 크기로 줄어드는 법이 없습니다."(올리버 웬들 홈스)

역량을 키우고 싶으면 무조건 정신부터 키워야 합니다.

우리는 실패가 아니라
성공하도록 만들어졌다

많은 사람들이 가지고 있는 가장 큰 문제는 자신을 충분히 믿지 않는다는 것이다. 우리는 우리의 힘을 깨닫지 못한다. 사람은 원래 노예가 아니라 정복자처럼 행동하도록 만들어졌다. 즉 실패가 아닌 성공을 하도록 만들어졌다. 자기 경시는 하나의 범죄이다.

— 프랭크 월워스

촌철활인 | 한 치의 혀로 사람을 살린다

"큰 꿈을 꾸십시오. 절대로 도중에 포기하지 마십시오. 부정적인 말이나 생각으로 자기 자신의 위대한 잠재력을 죽이는 일이 있어서는 안 됩니다. 여러분에게는 오늘만 있는 것이 아니라 내일이 기다리고 있습니다."(스티븐 스필버그)

넌 하나의 경이(驚異)야

넌 네가 누구인지 아니? 넌 하나의 경이야. 넌 독특한 아이야. 이 세상 어디에도 너와 똑같이 생긴 아이는 없어. 네 몸을 한번 살펴봐. 너의 다리와 팔, 귀여운 손가락들이 움직이는 모양은 모두 하나의 경이야. 넌 미켈란젤로, 셰익스피어, 베토벤 같은 사람이 될 수 있어. 넌 그 어떤 것도 해낼 수 있는 능력이 있어. 넌 정말로 하나의 경이야.

– 파블로 피카소

촌철활인 | 한 치의 혀로 사람을 살린다

인류 역사상 가장 창조성이 뛰어난 예술가로 인정받는 피카소의 독창성originality은 남과 다른 자신만의 진정한 가치를 인식하는 데서 비롯되었습니다. 다른 사람들과 비교하지 말고 자신만의 존귀한 가치를 찾아보세요. 명품은 비교할 수 없기 때문에 명품이라 불립니다.

나를 최고로 사랑하라

당신의 존재는 우연이 아니다. 당신은 대량 생산되지 않았고, 일괄 조립된 상품도 아니다. 당신은 창조주에 의해 신중하게 계획되었고, 특별한 재능을 받았으며, 사랑을 받으며 세상에 나왔다.

— 막스 루카도(작가)

촌철활인 | 한 치의 혀로 사람을 살린다

자신의 소중함을 깨닫는 것, 즉 자신이야말로 세상에 하나밖에 없는 유일무이한, 그 누구와도 바꿀 수 없는 소중한 존재임을 깨닫는 데서 행복한 삶이 시작됩니다. 나를 최고로 사랑하는 사람만이 단 한 번뿐인 인생을 헛되이 살아가지 않도록 최선의 노력을 다합니다. 그런 사람이 다른 사람의 인생도 귀하게 여길 줄 알게 됩니다.

무리에서 벗어나서 나만의 길을 가라

인생을 쉽게, 그리고 안락하게 보내고 싶은가? 그렇다면 무리 짓지 않고서는 한시도 견디지 못하는 사람들 속에 섞여 있으면 된다. 언제나 군중과 함께 있으면서 끝내 자신이라는 존재를 잊고 살아가면 된다.

– 니체, '권력에의 의지'에서

촌철활인 | 한 치의 혀로 사람을 살린다

대부분의 사람들은 두려움과 안락함 때문에 무리의 일부가 되고자 합니다. 그러나 그 결과는 좀 더 수동적인 사람, 특징 없는 삶, 나만의 차별화된 목표와 경쟁력 부재로 귀결됩니다. 무리에서 벗어나 과감하게 나만의 길을 걸을 때 진정 빛나는 인생을 살아갈 수 있습니다.

잘못된 길을 가고 있다는 신호

많은 이들이 당신이 하는 일에 대해 갈채를 보내고 비난하는 사람은 별로 없다면, 당신이 잘못된 길을 가고 있다고 확신해도 좋다. 바보들이 동의하고 있는 일을 하는 것이기 때문이다. 많은 사람들이 당신을 조롱하고 무시한다면 적어도 이것 한 가지는 확신해도 좋다. 적어도 당신이 현명한 행동을 하고 있을 가능성이 있다는 것이다.

― E. W. 스크립스

촌철활인 | 한 치의 혀로 사람을 살린다

대중의 갈채를 갈망하는 것은 인간의 본능 중 하나라 할 수 있습니다. 그러나 현명한 사람은 본능보다는 이성에 따라 자신의 행동을 규제할 수 있는 사람입니다. 일반 사람들의 반대 속에서 혼돈과 불안이 아닌 편안함을 느낄 수 있는 경지에 이르도록 노력해야 합니다.

평균은 포기의 또 다른 이름

평균은 안전하게 느껴지지만 실제로는 전혀 안전하지 않다. 평균이라는 건 결국 '눈에 보이지 않는다.'는 것이다. 평균이 되고자 하는 것, 그것은 여러분이 내릴 수 있는 최후의 선택이다. 그 유혹은 포기의 또 다른 이름이다. 여러분은 평균보다 나은 대접을 받을 자격이 있다.

– 세스 고딘

촌철활인 | 한 치의 혀로 사람을 살린다

평균이 되는 것은 비교적 쉬운 일입니다. 평균에 머물러 있으면 당분간은 편안함을 느낄 수 있습니다. 평균은 정상처럼 보이지만 사실은 그저 그런 아무것도 아닌 삶에 다름 아닙니다. 평균임을 포기하는 곳에서 탁월함이 시작됩니다.

평범함으로부터의 탈출

"이 세상에서 절대 용납할 수 없는 것이 있는데, 그것은 평범함이다. 우리가 자기 계발을 하지 않아 평범해진다면, 그것은 죄악이다. 사명으로 움직이는 사람들은 평범해질 틈이 없다."

— 마사 그레이엄(세계적 무용가)

촌철활인 | 한 치의 혀로 사람을 살린다

평범함을 용인하는 곳에 나태와 안일, 단조로움이 자리 잡습니다. 평범함을 포기해야만 인생의 환희와 기쁨, 정열적인 삶을 맛볼 수 있습니다. 평범함에서 벗어나고자 할 때 새로운 것에 대한 즐거운 항해가 시작됩니다. 평범함과 과감하게 이별하는 순간 비로소 위대함이 시작됩니다.

한 사람의 가치는

한 인간의 가치는 그가 무엇을 받을 수 있느냐가 아니라 무엇을 줄 수 있느냐로 판단된다. 사람이 그 사회에서 얼마나 가치 있는가는 그 사람의 감정과 사고와 행동이 타인에게 어느 정도 도움이 되는가에 달려있다.

– 앨버트 아인슈타인

촌철활인 | 한 치의 혀로 사람을 살린다

아인슈타인은 "나는 하루에 100번씩 스스로에게 되뇐다. 나의 정신적, 물질적 생활은 타인의 노동 위에서 이루어졌다고." 라고 말합니다.

우리는 다른 사람들의 행동으로 말미암아 이 세상에 나왔고, 다른 사람들을 의지하며 살아가고, 원하든 원치 않든 다른 사람의 이점을 받지 않고 살아가는 때는 한순간도 없으므로 우리의 행복은 타인과의 관계에서 나올 수밖에 없습니다. (달라이 라마)

늘 기분 좋게 살아가는 요령

마음이 불쾌해지는 가장 큰 이유 중 하나는 자신이 이룬 것, 자신이 창조한 것이 사람들에게 별다른 도움이 되지 않는다고 느끼기 때문이다. 늘 기분 좋은 인생을 살아가기 위한 요령은 타인을 돕거나 누군가의 힘이 되어주는 것이라 할 수 있다. 그것으로 존재의 의미를 실감하고, 순수한 기쁨을 누리게 된다.

– 프리드리히 니체

촌철활인 | 한 치의 혀로 사람을 살린다

니체는 '인간적인 너무나 인간적인'이라는 책에서 다음과 같이 이야기합니다. "하루를 기분 좋게 시작하고 싶다면, 잠에서 깨었을 때 오늘 하루 동안 적어도 한 사람에게, 적어도 하나의 기쁨을 선사할 수 있는지에 대하여 생각하라. 그 기쁨이 아주 사소한 것이라도 상관없다. 그리고 어떻게든 그 바람이 실현되도록 노력하며 하루를 보내라."

명성과 위대함의 차이

과연 사람들이 생각하는 위대함이란 무엇일까? 나는 명성은 삶에서 '얻는 것'을 바탕으로 하고, 진정한 위대함은 살면서 '주는 것'을 바탕으로 한다고 생각한다. 위대함이란, 행동을 통한 '기여'를 의미한다.

– 'CEO도 반하는 평사원 리더'에서

촌철활인 | 한 치의 혀로 사람을 살린다

일찍이 캘빈 쿨리지도 "누구든 그가 받은 것으로는 존경받지 못한다. 존경심은 그가 준 것에 대한 보상이다."라고 베풂의 중요성을 갈파했습니다. 이러한 평범한 진리를 실천하며 살아간다면 위대함은 물론 명성도 주어지리라 믿습니다.

많이 베풀수록 많은 축복이 찾아오는 법이다

무언가가 부족하거나 필요하다고 느낄 때마다 먼저 원하는 것을 주어라. 그러면 그것이 푸짐하게 돌아올 것이다. 이것은 돈과 미소, 사랑, 그리고 우정에 대해서도 같다. 많이 베풀수록 많은 축복이 찾아오는 법이다.

— 로버트 기요사키, '부자 아빠 가난한 아빠'에서

촌철활인 | 한 치의 혀로 사람을 살린다

찰스 다윈의 '종의 기원'에는 의미심장한 내용이 등장합니다. "힘세고 포악한 종자는 멸망하고 착하고 배려하는 종자는 생존한다."라는 대목이 그것입니다. 먼저 베풀고, 많이 베풀고, 또 베푸는 사람이 결국 더 많은 것을 얻게 됩니다.

무엇이 성공인가

자주 그리고 많이 웃는 것, 현명한 이에게 존경을 받고, 아이들에게서 사랑을 받는 것, 정직한 비평가의 찬사를 듣고 친구의 배반을 참아내는 것, 아름다움을 식별할 줄 알며 다른 사람에게서 최선의 것을 발견하는 것. 건강한 아이를 낳든, 한 뙈기의 정원을 가꾸든, 사회 환경을 개선하든, 자기가 태어나기 전보다. 세상을 조금이라도 살기 좋은 곳으로 만들어 놓고 떠나는 것, 자신이 한때 이곳에서 살았음으로 해서 단 한 사람의 인생이라도 행복해지는 것, 이것이 진정한 성공이다.

— 랠프 월도 에머슨(Ralph Waldo Emerson)

촌철활인 | 한 치의 혀로 사람을 살린다

누구나 성공을 꿈꿉니다. 그러나 진정한 성공은 출세, 막대한 부를 이루는 것, 혹은 권력을 얻는 것과는 큰 관련이 없습니다. 사람은 태어날 때부터 이 세상으로부터 많은 도움을 받고, 또 이 세상을 위한 여러 가지 기여를 하게 됩니다. 내가 받는 것보다 남에게 주는 것이 크면 클수록 진정한 성공에 가깝다 할 수 있습니다.

하늘나라 수학 공식

가진 것 하나를 열로 나누면 우리가 가진 것이 십 분의 일로 줄어드는 속세의 수학과는 달리 가진 것 하나를 열로 나누었기에 그것이 '천'이나 '만'으로 부푼다는 하늘나라의 참된 수학, 끊임없는 나눔만이 행복의 원천이 될 수 있다는 행복 정석을 그들과의 만남을 통해서 배우게 된다.

– 이태석(신부), '친구가 되어 주실래요?'에서

촌철활인 | 한 치의 혀로 사람을 살린다

'울지마 톤즈'로 세상을 울린 故 이태석 신부님의 글입니다. 이태석 신부는 부족한 것들 때문에 불편한 점도 있지만 부족한 것들 덕분에 깨달음도 많이 얻는다고 말했습니다. 무엇보다도 작은 것들에 대해 감사하는 마음을 덤으로 얻게 되어 기쁨이 크다고 말합니다.

성공하고 싶다면 봉사하라

성공하고 싶다면 봉사하라. 그것이야말로 우리 인생에 있어 불변의 법칙이다. 위대한 봉사자, 베푸는 자가 되어라. 그것이 바로 당신을 성공으로 이끄는 왕도이다.

– 헨리 밀러

촌철활인 | 한 치의 혀로 사람을 살린다

마크 피셔는 자신의 책 '스피릿'에서 다음과 같이 말합니다. "선하면 가난해진다는 생각은 위험한 착각이다. 진정한 부자는 다른 사람들보다 더 많이 베푸는 사람이며, 바로 그 때문에 그는 다른 사람들보다 더 많이 받는 것이다." 착한 사람이 부자가 되고, 착한 기업이 성공합니다. 그런 세상이 도래하고 있습니다.

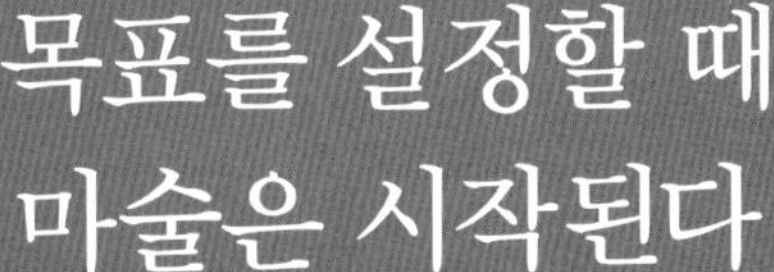

목표를 설정할 때
마술은 시작된다

목표를 설정하는 순간 신비한 힘이 생긴다

목표는 주의를 집중하는 것이다. 인간의 의식은 분명한 목적을 갖기 전에는 목표의식을 향해 움직이지 않는다. 목표를 설정할 때 성공은 이미 시작되는 것이다. 목표를 설정하는 순간 스위치가 켜지고 물이 흐르기 시작하고 성취하려는 힘이 현실화되는 것이다.

– 린 데이비스

촌철활인 | 한 치의 허로 사람을 살린다

모든 것을 실현하고 달성하는 열쇠는 목표 설정입니다. 목표를 명확하게 설정하면 그 목표는 신비한 힘을 발휘합니다. 또 달성시한을 정해놓고 매진하는 사람에게는 오히려 목표가 다가옵니다. 목표는 불타는 욕구와 강렬한 자신감을 불러일으키고 확실한 결정을 내리도록 돕게 됩니다.(폴 마이어) 어려울 때일수록 목표의 끈을 놓지 않는 끈기가 필요합니다.

목표 설정이 성공의 열쇠

모든 것을 실현하고 달성하는 열쇠는 목표 설정이다. 내 성공의 75%는 목표 설정에서 비롯되었다. 목표를 명확하게 설정하면 그 목표는 신비한 힘을 발휘한다. 또 달성 시한을 정해놓고 매진하는 사람에게는 오히려 목표가 다가온다.

— 폴 J. 마이어

성공하는 사람들의 특징은 자기가 원하는 목표가 분명하게 있다는 점입니다. 목표는 불타는 욕구와 강렬한 자신감을 불러일으키고 확실한 결정을 내리도록 돕는 역할을 합니다. 뇌는 생각하는 대로 에너지를 만듭니다. 마음이 있는 곳에 기氣가 갑니다. 확고한 목표에서 끈기가 나옵니다.

강력한 꿈은
스스로 성취 계획을 만들어간다

심리학에는 한 가지 법칙이 있다. 이루고 싶은 모습을 마음속에 그린 다음 충분한 시간 동안 그 그림이 사라지지 않게 간직하고 있으면, 반드시 그대로 실현된다는 것이다.

– 윌리엄 제임스

촌철활인 | 한 치의 혀로 사람을 살린다

데이비드 슈워츠도 위 글에 공감을 표합니다. "'나는 성공할 것이다'라는 생각이 당신의 모든 사고과정을 지배하게 하라. 그러면 조건반사로 당신의 마음은 성공을 초래할 만한 계획을 세우게 된다."

생각하는 대로 이루어진다

어떤 사람이 링컨에게 이렇게 물었다. "당신은 교육도 제대로 못 받은 농촌 출신이면서 어떻게 변호사가 되고 미국 대통령까지 될 수 있었습니까?" 링컨은 이렇게 대답했다 "내가 마음먹은 날, 이미 절반은 이루어진 것입니다."

– 데일 카네기, '세일즈 바이블'에서

촌철활인 | 한 치의 혀로 사람을 살린다

우리의 잠재의식은 실패를 생각하는 사람은 실패하게 만들고, 성공을 생각하는 사람은 성공하게 만듭니다. (나폴레온 힐)

자신을 돌아보고 목표를 세우는 것만으로도 어느새 성취를 향한 여정의 큰 발걸음을 내딛고 있는 것입니다. 사람도 그렇고 조직도 그렇습니다. 생각하는 만큼 이루어지게 되어있습니다.

이 세상에 있는 위대한 진실

이 세상에는 위대한 진실이 하나 있어. 무언가를 온 마음을 다해 원한다면 반드시 그렇게 된다는 것이야. 무언가를 바라는 마음은 곧 우주의 마음으로부터 비롯된 때문이지. 이것을 실현하는 게 이 땅에서 자네가 맡은 임무야.

– 파울로 코엘료, '연금술사'에서

하나의 꿈을 달성하기 원하는 사람은 누구나 한 군데로 초점을 맞추고 노력해야 합니다. 그리고 완벽을 기대하고 요구해야 합니다. 중간 지점이나 평범함과 타협해서는 안 됩니다. 자신이 갈 수 있다고 생각하는 곳보다 훨씬 더 먼 곳으로 계속 밀고 나간다면, 틀림없이 가슴에 품은 꿈을 이룰 수 있습니다.

결단하면 신이 돕기 시작한다

최선을 다하고자 결심하는 순간, 신도 감동을 받는다. 결코 상상할 수 없는 여러 가지 일들이 나를 도와준다. 결정의 순간을 시작으로 수많은 사건들이 일어나며, 어떤 누구도 자신에게 이런 일이 일어날 거라고 생각하지 못했던 온갖 종류의 예기치 않던 사건들과 만남과 물질적 원조가 나의 힘이 되어준다.

— 괴테

촌철활인 | 한 치의 혀로 사람을 살린다

"재능 있는 사람이 가끔 무능하게 행동하는 것은, 그 성격이 우유부단한 데에 있다. 망설이는 것보다 실패가 낫다."(버트란트 러셀) 고민이란 어떤 일을 시작했기 때문에 생기기보단 할까 말까 망설이는 데서 더 많이 생깁니다. 모든 일은 망설이는 것보다 불완전한 상태로 시작하는 것이 한 걸음 앞서는 것이 됩니다.

목표에 정성을 쏟으면
목표도 사람에게 정성을 쏟는다

목표에 정성을 쏟으면 목표도 그 사람에게 정성을 쏟는다. 계획에 정성을 쏟으면 계획도 그 사람에게 정성을 쏟는다. 무엇이든 좋은 것을 만들어 내면 결국 그것이 그 사람을 만드는 법이다.

— 짐 론

촌철활인 | 한 치의 혀로 사람을 살린다

만일 누군가 하나의 인생길에 헌신하기로 결심을 하면 세상에서 가장 강력한 힘이 그를 도와주게 됩니다. 우리는 그것을 '마음의 힘'이라 부릅니다. 일단 이와 같이 헌신을 하게 되면 그 무엇도 성공에 이르는 것을 막을 수 없게 됩니다. (빈스 롬바르디)

목표 없는 사람은
목표를 가진 사람을 위해 일한다

성공적인 모든 사람들은 가슴속에 큰 꿈을 품은 사람들이었다. 목표를 설정하지 않는 사람들은 목표를 뚜렷하게 설정한 사람들을 위해 일하도록 운명이 결정된다.

– 브라이언 트레이시

촌철활인 | 한 치의 혀로 사람을 살린다

보이지 않는 과녁을 명중시킬 수는 없습니다. 브라이언 트레이시가 목표 설정과 관련하여 강조한 사항은 다음과 같습니다.

1)자신이 간절히 원하는 목표를 세워야 한다. 2)목표가 구체적일수록 그 목표를 생각하는 데 더 많은 시간을 투자하게 된다. 3)목표가 실현될 것이라는 강한 믿음을 가져야 하며, 반드시 목표를 종이에 적는 습관을 들여야 한다. 4)기한을 정하지 않은 목표는 장전하지 않은 총알과 같다.

명확한 목적이 있는 사람은

명확한 목적이 있는 사람은 가장 험난한 길에서조차도 앞으로 나아가고, 아무런 목적이 없는 사람은 가장 순탄한 길에서조차도 앞으로 나아가지 못한다.

– 토머스 카알라일

촌철활인 | 한 치의 혀로 사람을 살린다

"성공은 '할 수 있다.'라고 말하는 자를 찾아오고, 실패는 '할 수 없다.'라고 말하는 자를 찾아온다."라는 서양 속담이 있습니다. 인간은 자신이 믿는 바대로 되는 경향이 있습니다. 지금의 내 생각과 믿음이 나의 미래를 결정합니다.

성공에는 두 가지만 있으면 된다

성공의 비결? 두 가지만 있으면 된다. 첫째, 자기가 원하는 게 뭔지 명확히 결정하는 것이다. 대다수 사람들은 늘 어정쩡하다. 둘째, 그것을 얻기 위해 지불해야 할 대가를 정하고, 그 대가를 지불하겠다고 결심하는 것이다.

– 해럴드슨 헌트(석유 부호)

촌철활인 | 한 치의 혀로 사람을 살린다

윌리엄 제임스 하버드대 심리학 교수의 글을 함께 살펴보세요.

"어떤 결과를 바라는 마음이 절실하면 바라는 결과에 도달할 수 있다. 선인이 되길 바라면 선인이 될 것이요. 부자가 되길 바란다면 부자가 될 것이고, 학자가 되고 싶다면 학자가 될 수 있다. 그러기 위해서는 목적 외에 이것과 양립할 수 없는 일을 버리고 목적만을 진실로 염원해야 한다."

망상이 위대한 기적의 모태가 된다

망상을 품지 않으면 실패할 확률이 0%이지만, 동시에 기적이 일어날 확률도 0%다. 망상을 품으면 실패할 확률이 높아지지만 적어도 기적이 일어날 확률이 0%에 고착되지는 않는다. '망상가' 소리 듣는 것을 두려워하면 죽었다 깨어나도 선구자가 될 수 없다. 계속 품고 있으면 망상은 위대한 기적의 모태가 된다.

— 차동엽(신부), '대한민국 국격을 생각한다'에서

촌철활인 | 한 치의 혀로 사람을 살린다

미래는 물리적인 세계가 아니라 우리의 꿈속에 존재합니다. 이것이 바로 우리가 꿈을 꾸어야 하는 이유입니다. 꿈은 망상에서 시작되어 그 망상이 실현되고 나면 꿈, 더 나가서는 비전으로 격상됩니다. 망상가라 불리는 것은 피해야 하는 것이 아닌, 즐겨야 할 일이라 할 수 있습니다.

장기적 시각을 가진 사람이 결국 승리한다

연구결과, 우리 사회에서 가장 성공적인 사람은 장기적인 시각을 가진 사람들이었다. 성공한 사람들은 10년, 20년 후의 미래를 줄곧 생각해 왔으며 이러한 긴 시간적 수평선 위에서 필요한 의사결정을 해온 사람들이다.

– 에드워드 밴필드(Edward Banfield, 하버드대 박사)

촌철활인 | 한 치의 혀로 사람을 살린다

박현주 미래에셋 회장은 미래관점에서 현재를 보는 습관을 성공요인으로 꼽고 있습니다. "미래관점에서 현재를 보는 습관이 나의 성공 비결이다. 이외에 균형감각, 소수게임(남들과는 다른 관점에서 보기), 즉 원칙을 염두에 두고 밝을 때는 그림자를, 어두울 때는 빛을 볼 수 있는 인식의 전환이 또 다른 성공요인이다."

멀미를 느끼는 이유

눈앞을 보기 때문에 멀미를 느끼게 됩니다. 몇 백 킬로 앞을 보십시오. 바다는 기름을 제거한 것처럼 평온합니다. 저는 그런 장소에 서서 오늘을 지켜보고 사업을 하고 있기 때문에 전혀 걱정하지 않습니다.

– 손정의(소프트뱅크 회장)

촌철활인 | 한 치의 혀로 사람을 살린다

혼란스러울수록 멀리 보는 것이 중요합니다. 모든 것에는 항상 굴곡이 있을 수밖에 없습니다. 높은 데서, 그리고 멀리 떨어져서 보게 되면 변화무쌍한 세상도 질서정연하게 보일 수 있습니다. 현장을 제대로 파악함과 동시에 멀리 떨어져서 미래를 내다보는 능력을 겸비해야만 성공하는 리더의 반열에 오를 수 있습니다.

가능하면
큰 꿈을 꾸자

희망 없이는 단 4초도 살 수 없다

사람은 음식 없이는 40일을, 물 없이는 4일을, 공기 없이는 4분밖에 생존할 수 없다고 한다. 그러나 희망이 없으면 단 4초도 살 수 없다. 희망은 우리에게 힘든 세월을 견뎌낼 수 있는 힘을 주고, 우리를 흥분과 기대감으로 부풀게 한다.

– 존 맥스웰, '매일 읽는 맥스웰 리더십'에서

촌철활인 | 한 치의 혀로 사람을 살린다

어느 기자가 윈스턴 처칠 수상에게 히틀러 나치 정권에 대항하여 영국이 소유하고 있던 최고의 무기가 무엇이냐고 물었습니다. 처칠은 단 1초도 망설이지 않고 대답했습니다. "영국이 소유했던 가장 큰 무기는 언제나 '희망'이었습니다."라고….

태산에 오르는 자가 천하를 얻는다

동산에 오르는 자는 마을을 얻고, 태산에 오르는 자가 천하를 얻으며 내일을 생각하는 자는 매일 급급하고, 십 년 뒤를 계책하는 자가 마침내 성공을 얻는다.

– '리더의 아침을 여는 책'에서

촌철활인 | 한 치의 혀로 사람을 살린다

지금 힘들고 어려운 것은 멀리 보면 보약이 될 수 있습니다. 큰 꿈을 꾸면서, "미치지 않으면 미치지 못한다."라는 불광불급 不狂不及의 자세로 하루하루 생활한다면 누구를 막론하고 무한한 성취를 얻을 수 있으리라 확신합니다.

부자 아빠는 이렇게 말했다

부자 아빠는 이렇게 말했다. "위대한 사람들은 위대한 꿈을 가지고 있고 평범한 사람들은 평범한 꿈을 가지고 있지. 만일 네 자신을 변화시키고 싶다면, 네 꿈의 크기를 바꾸는 일부터 시작하거라."

— 로버트 기요사키, '부자 아빠 가난한 아빠'에서

촌철활인 | 한 치의 혀로 사람을 살린다

"생생하게 상상하라. 간절하게 소망하라. 진정으로 믿으라. 그리고 열정적으로 실천하라. 그리하면 무엇이든지 반드시 이루어질 것이다." 폴 마이어의 글도 함께 새겨보세요.

부의 격차보다 무서운 것은 꿈의 격차이다

부의 격차보다 무서운 것은 꿈의 격차이다. 불가능해 보이는 목표라 할 지라도, 그것을 꿈꾸고 상상하는 순간 이미 거기에 다가가 있는 셈이다.

— 이지성, '꿈꾸는 다락방'에서

촌철활인 | 한 치의 혀로 사람을 살린다

성공으로 가는 프로그램은 반드시 이렇게 되고 싶다는 간절한 꿈에서 시작합니다. 꿈은 상상을 통해 얼마간 실현의 기쁨을 미리 맛보게 해줍니다. 그 기쁨과 기대가 도전할 수 있는 에너지가 되어 무엇이든 실천하게 합니다.

꿈이란 무엇인가?

마음 깊은 곳에서 간절히 원하는 것이면 무엇이든지 꿈이다. 이루어질지 아닐지 확실하지 않더라도 반드시 도달하고 싶은 목표점이다. 만약 도달할 것이 확실하다면 우리는 더 이상 그것을 꿈이라고 부르지 않는다.

– '꿈 PD 채인영입니다'에서

촌철활인 | 한 치의 허로 사람을 살린다

"꿈은 실현 가능성과 상관이 없다." 당연하지만 매우 인상적인 내용입니다. 채인영 박사의 꿈에 대한 추가 설명을 살펴보세요. "이루어지기만 한다면 무척이나 행복할 것 같은 일, 세상을 다 얻은 듯한 느낌을 주는 일, 기뻐서 가슴이 뛰는 일, 내가 살아 있는 이유라고 느껴지는 일, 그것을 이룬 사람을 보면 무척 부럽고 때론 질투까지 느껴지는 일, 바로 그것이 꿈이다."

목표를 정하기 전에 반드시 점검할 것

인생의 목표를 정하기 전에 반드시 다음 4가지를 점검해 봐야 한다. 첫째는 자신이 정말 잘하는 것(재능), 둘째는 정말 하고 싶은 것(열정), 셋째는 사회가 원하는 것(수요), 넷째는 옳다는 확신이 드는 것(양심)을 점검해 봐야 한다.

– 션 코비(Sean Covey, 프랭클린 코비사 부사장)

촌철활인 | 한 치의 혀로 사람을 살린다

위 4가지의 교집합이 자신의 능력을 최대로 발휘할 수 있는 분야가 됩니다. 여러분 모두가 자신이 가장 하고 싶고, 또 가장 잘할 수 있고, 사회적으로 가치 있는 일에 매진한다면 언젠가는 여러분의 꿈은 이루어질 것입니다. 그리고 성공과 행복이 늘 함께할 것입니다.

사람들에게 가장 위험한 일은

대부분의 사람들에게 가장 위험한 일은 목표를 너무 높게 잡고 거기에 이르지 못하는 것이 아니라, 목표를 너무 낮게 잡고 거기에 도달하는 것이다.

– 미켈란젤로

목표가 확실하면 달성도도 그만큼 높아집니다. 과학적 연구에 의하면, 목표가 달성되고 나면 우리 두뇌는 활성도가 둔화됩니다. 따라서 사람은 끊임없이 목표를 만들고 도전하지 않으면 점점 추락하게 되고, 이런 불행을 피하기 위해서는 하나의 목표를 달성하고 나면 그 즉시 다음 목표를 설정해서 뇌에 새로운 프로그램을 입력해주어야 합니다. (무라카미 가즈오, '성공하는 DNA 실패하는 DNA'에서)

가능한 한 큰 꿈을 꾸세요

자신의 계획을 가능한 한 환상적으로 세우세요. 앞으로 25년 후면 그것이 평범하게 보일 것이기 때문입니다. 자신의 계획을 애초에 계획했던 것보다 10배는 크게 만드십시오. 앞으로 25년 후면 그것을 왜 50배 크게 하지 않았을까 하고 의아해할 것입니다.

— 헨리 카티스

촌철활인 | 한 치의 혀로 사람을 살린다

"자신이 할 수 있다고 생각하는 것보다 더 많은 것을 할 수 있는 사람은 없습니다."(헨리 포드)

불가능해 보이는 꿈을 현실화시키는 것은 불가능한 것을 꿈꾸는 것에서 시작합니다. 우리의 운명은 우리의 생각과 행동에 의해 결정됩니다.

작은 꿈은 아예 꾸지도 마라

작은 꿈은 아예 꾸지도 마라. 작은 꿈은 사람들의 피를 들끓게 하는 기적을 만들지 못하며, 따라서 실현되지도 못한다.

– 다니엘 버넘(미국 도시 건축가)

"불가능한 것을 성취하려면 감히 상상할 수 없는 것을 생각해야 합니다. 최고를 기대하게 되면 최선을 이끌어낼 힘이 발산됩니다."(톰 로빈스) 우리 뇌는 작은 목표엔 굳이 변화의 필요성을 느끼지 못합니다. 뇌를 움직일 수 있을 정도의 큰 목표, 간절한 목표를 찾을 때 신기하게도 성취 가능성이 더 높아집니다.

우리 사회에서 가장 성공적인 사람은

연구결과, 우리 사회에서 가장 성공적인 사람은 장기적인 시각을 가진 사람들이었다. 성공한 사람들은 10년, 20년 후의 미래를 줄곧 생각해 왔으며 이러한 긴 시간적 수평선 위에서 필요한 의사결정을 해온 사람들이다.

– 에드워드 밴필드(Edward Banfield, 하버드대 박사)

촌철활인 | 한 치의 혀로 사람을 살린다

장기적 시각을 갖는다는 것은 먼 미래에 대한 통찰력과 확실한 장기 목표(꿈)를 갖는 것 외에, 장기적 이익을 위해서 당장 하고 싶은 것을 참을 수 있는 자제력과 꾸준히 실천해 나가는 끈기를 포함하는 개념입니다.

확실한 것에는 기회가 없다

그래 맞네, 잘못된 길이지! 이렇게 '잘못된 길'만이 족적을 남길 수 있는 거야. 아직 단단하게 굳지 않은 땅, 즉 새로운 분야로 가야만 깊은 발자국을 남길 수 있다네. 이미 단단하게 굳은 땅, 그러니까 많은 사람들이 수없이 거쳐간 곳에는 발자국이 찍히지 않아.

– 윤태익, '뜻길돈'에서

촌철활인 | 한 치의 혀로 사람을 살린다

1898년 스위스 취리히 국립공과대학을 다니던 시절, "어떻게 하면 과학계에서 발자취를 남길 수 있을까요?"라는 아인슈타인의 질문에 지도교수였던 수학자 민코프스키는 대답 대신 엉뚱한 길로 안내했습니다. "선생님, 혹시 엉뚱한 길로 들어오신 것 아닙니까?"라는 물음에 민코프스키 교수가 답한 것이 바로 위 내용입니다.

우리는 아무도 가지 않은 길을 가는 것을 두려워합니다. 그러나 확실한 길은 안전하지만 그곳에는 큰 기회가 없습니다.

남과 똑같이 하면서
큰 성과를 기대하지 말라

다른 모든 사람들이 하고 있는 것을 그대로 따라만 해 가지고서는 탁월한 경제적 성과를 달성하는 것이 불가능하다. 또한 남들과 똑같이 행동함으로써(정상적이기를 바라면서), 비정상적인(탁월한) 결과를 기대할 수 없다. (You can't be 'normal' and expect 'abnormal' returns)

— 제프리 페퍼(Jeffrey Pfeffer, 스탠퍼드대 교수)

촌철활인 | 한 치의 혀로 사람을 살린다

성공법칙 중 하나는 남과 다른 차별화된 방식, 즉 남들이 가지 않은 길을 가는 것입니다. 남들과 다른 길을 가게 되면 처음에는 두려운 마음이 생깁니다. "남들이 하지 않은 처음 일은 다 무모해 보인다. 그렇지만 처음부터 무모해 보이지 않는 생각은 아무런 희망이 없다."라는 아인슈타인의 말은 두려움을 감수하는 것이 또 다른 성공 법칙임을 일깨워 줍니다.

일등이 아닌, 남과 다른 길을 가라

우리나라는 올림픽과 예술을 혼동하고 있어요. 무조건 이겨야 한다고 밀어붙이고, 일등을 너무 좋아하는 거 같아요. 다름이 중요하지 누가 더 나은가는 문제가 아닙니다. 미로와 피카소는 그림이 서로 다른 것이지 누가 더 잘하는 게 아니지요. 다른 것을 맛보는 것이 예술이지 일등을 매기는 것이 예술이 아닌 것입니다.

— 백남준

촌철활인 | 한 치의 혀로 사람을 살린다

이 세상에서 나와 똑같은 사람은 단 한 사람도 없습니다. 그런 점에서 우리 모두는 이미 남과 다른 독창성을 가지고 있습니다. 그만큼 모두 다 귀하고 특별한 존재입니다. 남과 다른 새로운 길을 개척하면 그 길에서는 모두 다 일등이 됩니다.

강점을 활용하지 못하는 것이 최대의 비극

인생의 진정한 비극은 우리가 충분한 강점을 갖고 있지 않다는 데 있지 않고, 오히려 갖고 있는 강점을 충분히 활용하지 못하는 데 있다.

– 벤자민 프랭클린

촌철활인 | 한 치의 혀로 사람을 살린다

게임에서의 승부는 강점에 의해 갈립니다. 위대한 사람들은 약점 보완이 아닌, 강점 때문에 위대해진 것입니다. 그런데도 대부분의 사람들은 약점보완에 너무 많은 시간과 노력을 기울입니다. 나의 강점을 찾고, 강점을 사랑하고, 강점에 집중하는 것이 행복과 성공을 함께 불러오게 하는 비결입니다.

집중하면 강철도 뚫을 수 있는 힘이 생긴다

초점을 맞추는 것의 힘은 빛을 통해서 알 수 있다. 넓게 흩어진 빛은 힘이나 영향력이 거의 없다. 하지만 빛의 초점을 맞추면 에너지를 모을 수 있다. 돋보기를 통해서 태양빛을 모아 잔디나 종이를 태울 수 있다. 레이저 광선처럼 빛이 더 강하게 한 초점으로 모아지면 강철도 뚫을 수 있다.

— 릭 워렌, '목적이 이끄는 삶'에서

촌철활인 | 한 치의 혀로 사람을 살린다

빛이 한군데로 모여야 강력한 힘을 발휘하는 것처럼 우리 인생도 몰입과 집중이 이뤄질 때 비로소 성과가 나오기 시작합니다. 집중을 위해서 목적과 목표부터 명확히 해야 합니다. 목적을 알면 초점을 맞춘 삶을 살 수 있습니다. 목표는 열정을 낳습니다. 목적이 있고 초점이 맞춰진 삶만큼 강력한 것은 없습니다.

집중력이 마법을 부립니다

아무리 약한 사람이라도 단 하나의 목적에 자신의 온 힘을 집중한다면 무엇인가 성취할 수 있지만, 아무리 강한 사람이라도 힘을 많은 목적에 분산하면 어떤 것도 성취할 수 없다.

– 샤를 몽테스키외

촌철활인 | 한 치의 혀로 사람을 살린다

누구나 자원의 한계를 가지고 있습니다. 특히 가장 중요한 자원인 시간은 무한대로 주어지는 것이 아닙니다. 그래서 우리에게 전략이 필요한 것입니다. 전략은 선택입니다. 아니 선택보다는 포기라 하는 것이 보다 적합한 표현입니다. 가장 중요한 핵심만 남기고 나머지는 전부 포기할 수 있는 용기와 지혜가 남다른 탁월한 성과를 만들어 냅니다.

잘 버릴 줄 아는 것이 경쟁력이다

현상은 복잡하다. 법칙은 단순하다. 버릴 게 무엇인지 알아내라. 핵심을 잡으려면 잘 버릴 수 있어야 한다. 핵심에 집중한다는 것은 잘 버린다는 것과 같은 얘기이다.

– 리차드 파인만(노벨물리학상 수상자)

촌철활인 | 한 치의 혀로 사람을 살린다

새무얼 스마일즈는 "여러 가지를 가장 빨리 할 수 있는 방법은 한 번에 한 가지씩만 하는 것"이라고 말했습니다. 재능은 10배, 집중은 1,000배의 차이를 만들어낸다는 말도 있습니다. "우리는 한 가지 목표를 세우고 그것이 다른 모든 것에 우선하도록 할 때에야 성공할 수 있다." 아이젠하워 미대통령의 글도 같은 맥락에서 이해됩니다.

꿈을 공표하고 꿈을 향해
꾸준히 나아가라

막연한 계획은 아무런 결과도
가져오지 못한다

구체적인 목표는 구체적인 결과를 가져온다. 그러나 막연한 계획은 막연한 결과를 가져오는 것이 아니다. 막연한 계획은 아무런 결과도 가져오지 못한다.

– 강헌구(교수), '아들아 머뭇거리기에는 인생이 너무 짧다'에서

촌철활인 | 한 치의 혀로 사람을 살린다

구체적이면서 눈에 보이는 확실한 개인 비전의 수립이야말로, 자신을 리더로 성장시키는 첫 번째 요인입니다. 10~15년 후의 명확한 비전을 책상 위에 큼지막하게 써서 걸어놓고 매진할 때 어느 순간 여러분의 꿈은 현실로 바뀝니다.

기한 없는 목표는 총알 없는 총이다

기한 없는 목표는 탁상공론이다. 기한이 없으면 일을 진행시켜주는 에너지도 발생하지 않는다. 당신의 삶을 불발탄으로 만들지 않으려면 분명한 기한을 정하라. 기한을 정하지 않는 목표는 총알 없는 총이다.

– 브라이언 트레이시

촌철활인 | 한 치의 혀로 사람을 살린다

목표라는 단어 자체에 기한이 포함되어 있는 것입니다. 다시 말해 기한이 있어야만 목표라 할 수 있습니다. 기한이 있어야 목표가 뚜렷해져, 에너지가 생기고 몰입하게 되며, 그 결과로 성과가 나오는 것입니다. 기한 없는 목표는 아무런 쓸모가 없는 펑크 난 타이어와 같습니다.

인생에서 성공하는 첫 번째 비결

우리 중 약 95%의 사람은 자신의 인생 목표를 글로 기록한 적이 없다. 그러나 글로 기록한 적이 있는 5%의 사람들 중 95%가 자신의 목표를 성취했다.

— 존 맥스웰

촌철활인 | 한 치의 혀로 사람을 살린다

유사한 결과를 보여주는 많은 연구결과가 있습니다. 결론은 매우 단순합니다. "크고 원대한 꿈, 가능한 한 구체적인 꿈을 꿔라. 그 꿈을 혼자 간직하는 대신 만천하에 공개하라. 매일매일 그 비전을 글로 써라. 비전 달성을 위해 열과 성을 다하라. 그 비전은 어느새 현실이 된다."

꿈은 반드시 기록하십시오

당신이 목표로 하는 것들을 기록하지 않는다면 당신은 뿌려지지 않은 씨만을 가진 것이다. 두렵거나 게으름 때문에 목표가 없거나 희미한 목표를 가진 사람에게는 작은 일도 이룩하기 어렵다. 뜻을 세운다는 것은 목표를 선택하고, 그 목표에 도달하도록 행동과정을 결정하는 것이다. 결정한 다음에는 목표에 도달할 때까지 결정한 행동을 계속하면 된다. 중요한 것은 행동이다.

– 마이클 핸슨(수학자)

촌철활인 | 한 치의 혀로 사람을 살린다

무모한 꿈이라도 꿈을 가지지 않은 것보다는 낫습니다. 꿈과 목표는 종이에 적어 항상 보이는 곳에 두어야 합니다. 꿈이 있을 때 비로소 자기주도적 학습과 남과 다른 특별한 노력이 시작됩니다. 목표와 노력, 그리고 노력과 성공은 매우 긴밀한 상관관계를 갖고 있습니다.

꿈을 날짜와 함께 적으면

꿈을 날짜와 함께 적어 놓으면 그것은 목표가 되고, 목표를 잘게 나누면 그것은 계획이 되며, 그 계획을 실행에 옮기면 꿈은 실현되는 것이다.

– 그레그 S. 레이드(Greg S. Reid)

목표를 설정할 때 마술은 시작되는 것입니다. 목표를 설정하는 바로 그 순간, 스위치가 켜지고 물이 흐르기 시작하고 성취하려는 힘이 현실화되는 것입니다. 글로 쓴 구체적인 꿈은 우리의 목표를 달성하게 합니다. 그러나 막연한 계획은 막연한 결과를 가져오는 것이 아니라, 아무런 결과도 가져오지 못합니다.

꿈 쓰기 기술

나는 평생 동안 1. 목표를 종이에 적는다. 2. 하루 두 번(기상 후, 취침 전) 종이에 쓴 목표를 큰 소리로 외친다는 두 가지 원칙을 실천했다. 그 결과, 1주일에 1달러 20센트를 받던 면화공장 노동자에서 개인 재산만 4억 달러 넘게 소유한 거부로 성장하게 되었다.

– 앤드류 카네기(강철왕)

촌철활인 | 한 치의 혀로 사람을 살린다

이것을 '꿈 쓰기 기술'이라고 합니다. 간단합니다. 매일 매일 종이에 자신의 꿈을 쓰고 그 꿈을 이루기 위해 노력한다면 언젠가는 종이에 쓴 것이 전부 이루어진다는 것입니다. 꿈을 쓰거나 읽을 때 종이에 적힌 꿈이 이미 실현되었다고 생각하는 것이 중요합니다.

목표가 이미 이루어졌다고 상상하라

목표가 있거든 그것이 이미 성취된 것처럼 무의식에 새겨 넣어라. 목표가 이미 이루어졌다고 상상하는 사이, 내면의 마음은 당신이 원하는 마지막 결과를 만드는 작업에 착수할 것이다.

– 앤드류 매튜스

아주 오래전에 아리스토텔레스는 "머릿속으로 자신이 바라는 것을 생생하게 그리면 온몸의 세포는 모두 그 목적을 달성하는 방향으로 조절된다."라고 말했습니다. 그렇습니다. 삶은 여러분이 써 나가는 이야기입니다. 목표와 신념을 적으면 여러분의 두뇌는 그것에 집중할 것입니다. (앙리에프 클라우치도)

희망을 말하라

희망을 말하라. 될 수 있는 한 자주 떠벌려라. 희망을 글로 적어라. 가능한 한 또박또박 반복해서 적어라. 희망을 선포하라. 혼자 우물우물 속삭이지 말고 만천하에 공표하라. 그것이 더 큰 성취의 파장을 일으킬 것이다.

– 차동엽 신부

촌철활인 | 한 치의 혀로 사람을 살린다

정호승 시인은 "인간의 가장 큰 죄악은 희망을 잃는 것이다. 절망이라는 죄는 신도 용서하지 않는다."라면서 절망적 상황 속에서도 끝까지 희망을 간직하라고 말합니다. 희망은 인간을 인간답게 만드는 가장 중요한 특성입니다. 힘들수록 희망을 가지세요. 힘들 때일수록 희망을 말하세요.

터무니없어 보이는 높은 목표를 공개적으로 밝히기

나는 10대 때부터(남들이 허풍이라 할 정도의) 터무니없어 보이는 목표를 공개적으로 밝혀, 호언장담하는 버릇이 있었다. 일단 공언하면 자신을 궁지로 몰아넣게 되고, 강한 책임감을 느끼게 된다.

– 손정의(소프트뱅크 회장)

촌철활인 | 한 치의 혀로 사람을 살린다

손정의 회장은 "불언실행(不言實行, 말하지 않고 실행하는 것)은 쉽다. 반면 공언해 놓고 달성하지 못하면 창피를 당한다. 그럼에도 불구하고 공언해야 한다. 그 정도로 자신을 몰아넣지 않으면 인생은 순식간에 지나가 버려 평범한 인생으로 끝나고 말 것이다."라고 말합니다.

행동으로 옮겨야 한다

행동 없이는 행복도 없다. 성공의 비결은 그 목표가 뚜렷하고 변하지 않는 데 있다. 성공하지 못하는 것은 처음부터 끝까지 한길을 가지 않기 때문이지 그 길이 험하기 때문이 아니다. 오직 한곳에 집중하여 정진하면 쇠를 뚫고 만물을 굴복시킬 수 있다.

– 디즈레일리(영국 정치가)

촌철활인 | 한 치의 혀로 사람을 살린다

실행하는 사람만이 성공할 수 있습니다. 호텔 왕 힐튼도 "성공적인 사람은 계속해서 행동한다. 실수를 하기도 하지만 절대로 멈추지 않는다."라고 말했습니다. 성공하는 사람은 실패하지 않는 사람이 아니라, 실패했다고 포기하지 않고 또 다시 도전하는 사람입니다.

사람들이 하기 싫어하는 일을 하는 습관

성공하는 사람은 성공하지 못하는 사람들이 하기 싫어하는 일을 하는 습관을 가지고 있다. 물론 그들도 그런 일을 하고 싶지 않기는 마찬가지이다. 그러나 그들은 목적의식이라는 힘으로 그것을 극복하고, 하기 싫은 일을 하고 싶은 일로 만든다.

– 알버트 그레이

2500년 전에 공자는 "알기만 하는 사람은 좋아하는 사람만 못하고, 좋아하는 사람은 즐기는 사람보다 못하다."라고 이야기했습니다. 물론 즐길 수 있는 일을 직업으로 삼는 것만큼 행복한 일은 없을 겁니다. 그러나 지금 하고 있는 일(공부)을 좋아하게끔 노력하는 것 또한 그만한 가치가 있음에 틀림없습니다.

하루하루가 힘들다면

하루하루가 힘들다면 지금 높은 곳을 오르고 있기 때문이다. 편안하고 쉬운 매일매일이라면 골짜기로 향한 걸음이다. 때로 평지를 만나지만 평지를 오래 걷는 인생은 없다.

– 조정민. '사람이 선물이다'에서

촌철활인 | 한 치의 혀로 사람을 살린다

위 책에서 옮겨 적어 봅니다. "내가 하기 쉬운 일만 골라서 하고 보람 있는 인생을 산 사람은 없습니다. 내가 하기 힘든 일에 도전하지 않고 의미 있는 인생을 산 사람은 없습니다."

배고픈 상태라면 축복받은 사람이다

뭔가를 이루려는데 돈이 부족한가? 그러면 당신은 '배가 고픈' 사람이다. 시간이 부족한가? 그렇다면 당신은 '배가 고픈' 사람이다. 당신이 배고픈 상태라면 당신은 축복받은 사람이다. 뭔가가 부족하다고 느낄수록 당신의 마음은 더욱더 간절해질 것이다.

– '꿈PD 채인영입니다'에서

촌철활인 | 한 치의 혀로 사람을 살린다

꿈을 이루어 가는 동안 장애물을 만나지 않은 사람은 단 한 사람도 없습니다. 시간이 없고 돈이 없어서 꿈을 이루지 못하는 건 아닙니다. 꿈이란 오히려 시간이 없고 돈이 부족하기 때문에 이룰 수 있습니다. 돈과 시간이 없다는 것은 포기할 이유가 아닌 더욱 열심히 노력해야 할 이유입니다.

목숨 걸고 노력하라

만약 성공을 원한다면 그만큼 자기를 희생해야 한다. 큰 성공을 바란다면 큰 희생을. 더 이상 없을 만큼 큰 성공을 원한다면 더 이상 없을 만큼 큰 희생을 치러야만 한다.

– 제임스 앨런(영국 철학자)

촌철활인 | 한 치의 혀로 사람을 살린다

큰 성공을 위해서는 열심히 하는 정도로는 부족합니다. 몰입과 헌신 없이는 좋은 결과를 만들 수 없습니다. 아무도 이 이상은 할 수 없다 할 정도로 노력을 경주해야만 비로소 남다른 성과가 나오게 됩니다. 당연히 희생이 따르지만, 그 희생은 성공을 위한 정당한 대가로 지불되는 것입니다.

진정으로 원하는 사람이 되고 싶다면

당신이 되고 싶은 사람이 되기 위해서는 하고 싶지 않은 일을 해야 하고, 듣고 싶지 않은 말을 들어야 하고, 만나고 싶지 않은 사람을 만나야 합니다. 원치 않는 일을 하지 않고 진정 원하는 일을 하는 사람은 없습니다.

– 조정민, '사람이 선물이다'에서

촌철활인 | 한 치의 혀로 사람을 살린다

그렇습니다. 당장 하고 싶은 일만 하면서 진정 원하는 일을 할 수는 없습니다. 당장의 쾌락을 뒤로 미룰 수 있는 만족 지연의 법칙, 편안한 길보다는 험난한 길을 우선 택하는 도전정신이 위대함을 낳습니다.

큰 꿈은 큰 벽을 동반한다

사람이 꿈이나 목표를 가지면 눈앞에는 반드시 벽이 나타난다. 그 꿈을 가지지 않았더라면 벽이라고 느끼는 일 없이 살아갔을 것들이 눈앞에 나타나게 된다. 당연히 큰 꿈을 가진 사람에게는 큰 벽이 나타난다.

– 기타가와 야스시, '편지가게'에서

촌철활인 | 한 치의 혀로 사람을 살린다

목표를 가지고 있기 때문에 벽이 나타나는 것입니다. 벽이 숫자가 많아지고, 높아질수록 내가 보다 가치 있는 삶을 살아가기 위한 조건들이 갖춰져 있다는 의미라 할 수 있습니다. 벽은 열심히 살아가려고 하는 증거이며, 따라서 자랑스럽고 반갑게 맞이해야 합니다.

목표에 다가갈수록 고난은 더욱 커진다

목표에 다가갈수록 고난은 더욱 커진다. 처음에는 깨닫지 못했던 여러 문제가 선명하게 보이는 때, 이때가 바로 목표가 현실로 다가오는 시기이다. 성취라는 것은 우리 곁으로 가까이 올수록 더 큰 고난을 숨기고 있다.

– 괴테

촌철활인 | 한 치의 혀로 사람을 살린다

새벽이 가까울수록 더 어두운 법입니다. 인생은 시련과 함께한다는 사실을 받아들이는 것, 더 나가서는 그 시련이 인생을 더욱 값어치 있게 만든다는 사실을 긍정적으로 받아들이는 것만으로 훨씬 더 행복하게 살아갈 수 있을 것입니다.

긍정

마음먹은 대로 이루어진다

긍정하라, 매사에 감사하라

마음먹은 대로
이루어진다

인생은 생각대로 되는 것이다

인생은 될 대로 되는 것이 아니라 생각대로 되는 것이다. 자신이 어떤 마음을 먹느냐에 따라 모든 것이 결정된다. 사람은 생각하는 대로 산다. 생각하지 않고 살아가면 살아가는 대로 생각한다.

– 조엘 오스틴, '긍정의 힘'에서

촌철활인 | 한 치의 혀로 사람을 살린다

간절한 생각은 행동을 이끕니다. 지속적 노력은 큰 꿈을 이루게 만들어줍니다. 맥스웰 몰츠도 같은 주장을 하고 있습니다. "인간의 뇌는 미사일의 자동유도 장치와 같아서 자신이 목표를 정해주면 그 목표를 향해 자동으로 유도해 나간다."

우리의 생각이 세상을 만든다

우리는 우리가 행복해지려고 마음먹은 만큼 행복해질 수 있다. 우리를 행복하게 만드는 것은 우리를 둘러싼 환경이나 조건이 아니라, 늘 긍정적으로 세상을 바라보며 아주 작은 것에서부터 행복을 찾아내는 우리 자신의 생각이다. 행복해지고 싶으면 행복하다고 생각하라.

– 에이브러햄 링컨

촌철활인 | 한 치의 혀로 사람을 살린다

셰익스피어는 "세상에 절대적으로 좋거나 나쁜 것은 없다. 다만 우리의 생각이 그렇게 만들 뿐이다."라고 말했습니다. 인생의 전쟁은 강한 사람이나 빠른 사람에게 항상 승리를 안겨주지는 않습니다. 조만간 승리하는 사람은 자기가 할 수 있다고 믿는 사람입니다.

좋은 일을 생각하면 좋은 일이 생긴다

행복한 일을 생각하면 행복해진다. 비참한 일을 생각하면 비참해진다. 무서운 일을 생각하면 무서워진다. 병을 생각하면 병이 든다. 실패에 대해서 생각하면 반드시 실패한다. 자신을 불쌍히 여기고 헤매면 배척당하고 만다.

— 데일 카네기

촌철활인 | 한 치의 혀로 사람을 살린다

지배적인 생각이나 마음가짐은 자석처럼 비슷한 것을 끌어당기는 법이므로 마음가짐이 어떠하든 그에 어울리는 조건이 삶에 나타날 수밖에 없습니다. 자기 마음가짐을 고치기만 하면 자신의 인생까지 고칠 수 있습니다.

우리는 믿는 것을 보는 것이다

생각을 먼저 지배하는 것은 우리들이지만, 그 다음에는 생각이 우리를 지배한다. 우리는 자신이 보는 것을 믿는 것이 아니라 믿는 것을 보는 것이다. 어떤 일을 하든 믿음만큼 성공한다. 생각이 우리의 태도와 행동을 결정하고 그것들은 다시 성공과 실패를 결정한다.

— 브라이언 트레이시

촌철활인 | 한 치의 혀로 사람을 살린다

동양에는 이미 오래전에 일체유심조一切唯心造라 하여 마음이 모든 것을 지배한다는 사상이 전해 옵니다. 내가 맘껏 창조하는 생각이 바로 내가 바라는 세상을 만들어 갑니다. 온 우주를 통틀어 가장 고귀한 존재는 바로 '나'라는 사실을 상기하면서 멋진 하루하루 보내시기 바랍니다.

우리의 마음은 밭이다

우리의 마음은 밭이다. 그 안에는 기쁨, 사랑, 즐거움, 희망과 같은 긍정의 씨앗이 있는가 하면 미움, 절망, 좌절, 시기, 두려움 등과 같은 부정의 씨앗도 있다. 어떤 씨앗에 물을 주어 꽃을 피울지는 자신의 의지에 달렸다.

— 틱낫한(스님)

촌철활인 | 한 치의 혀로 사람을 살린다

마음의 밭에 '긍정'을 심으면 긍정적인 결과가 나오고 '부정'을 심으면 부정적인 결과를 낳게 됩니다. 이를 시소SISO라고 합니다. 생각 속에 성공을 넣으면Success In, 성공의 결과가 나옵니다Success Out. 생각을 바꾸면 인생이 바뀝니다.

마음을 고치면 인생도 고칠 수 있다

사람은 슬퍼서 우는 것이 아니라 울어서 슬퍼지고, 즐거워서 웃는 것이 아니라 웃어서 즐거워진다. 우리 세대의 가장 위대한 발견은 사람은 자기 마음을 고치기만 하면 자신의 인생까지도 고칠 수 있다는 것이다.

– 윌리엄 제임스

촌철활인 | 한 치의 혀로 사람을 살린다

"마음속의 생각이 그대를 만들고 미래의 모습을 만들고 기쁨을 만들기도, 슬픔을 만들기도 한다. 마음속으로만 생각해도 현실로 나타난다. 이 세상은 그대를 비추는 거울일 뿐이다." 제임스 앨런의 글입니다.

믿음은 강력한 영향력을 행사한다

믿음은 강력한 영향력을 행사한다. 우리의 뇌는 우리가 믿고 기대하는 방향으로 작동한다. 뇌가 작동하기 시작하면 신체는 그 믿음이 사실인 것처럼 반응한다. 실제로 목이 마르거나 귀가 막히고, 병이 나거나 건강해지는 경험을 하는 것이다.

— 허버트 벤슨('Timeless healing'의 저자)

"말과 행동으로 자신이 어디로 가고 있는지 알고 있음을 보여줄 때, 세상은 그를 위해 길을 비킵니다."(나폴레온 힐)

"자신의 꿈을 향해 당당하게 나아간다면, 그리고 상상해온 삶을 위해 노력한다면 평소에 얘기치 못했던 성공을 만나게 될 것입니다."(핸리 데이비드 소로)

신념은 현실로 드러난다

뭔가 성취하기를 원한다면 반드시 해야 할 일이 하나있다. 스스로에게 재능이 없다는 믿음을 단호하게 거부하는 것이다. 재능을 갖고 있다는 확고한 신념이 없다면 아무리 놀라운 재능을 갖고 있어도 소용이 없다. '나는 재능이 없다.'라고 믿는 것은 우리에게 치명적 영향을 끼친다.

— 이민규, '1%만 바꿔도 인생이 달라진다'에서

사회학자 로버트 머튼은 '사람들의 신념이 현실로 이루어지는 것, 즉 스스로 자신에게 기대나 암시를 통해 목표를 성취하도록 하는 것'을 자성예언自成豫言이라고 명명한 바 있습니다. 뇌는 상상과 현실을 따로 구분하지 않습니다. 원대한 꿈을 꾸고 그 꿈이 현실인 것처럼 생활하면 꿈은 마침내 현실이 됩니다. 신념은 그 자체로 힘을 가지고 있습니다.

강한 사람이 아닌,
할 수 있다고 믿는 사람이 성공한다

만일 당신이 패배할 것이라 생각하면, 당신은 그럴 것이다. 만일 당신이 도전하지 못하리라 생각한다면, 당신은 못할 것이다. 만일 당신이 스스로 뛰어나다고 생각한다면, 당신은 그런 것이다. 세상을 살면서 우리는 성공이란 한 사람의 의지에서 비롯된다는 사실을 알게 된다. 그것은 모두 마음의 자세에 달려 있다.

– 월터 D. 원틀

촌철활인 | 한 치의 혀로 사람을 살린다

월터 원틀의 계속되는 주장입니다. "삶에서의 성공은 항상 더 강하고 더 빠른 자에게 가는 것만은 아니다. 머지않아 성공을 거머쥘 사람은 바로 자신이 할 수 있다고 생각하는 사람이다. 높이 오르려면 높이 생각해야 한다."

창의성에 영향을 미치는
딱 한 가지 요소

창의성에 영향을 미치는 요인들을 찾아내기 위해 성장과정에서부터 교육 배경에 이르기까지 수많은 요인들을 조사한 결과, 차이는 딱 한 가지였다. 창조적인 사람은 스스로 창조적이라 생각하고 그렇지 못한 사람들은 자신이 창조적이라고 생각하지 않는다.

– 로저본 외흐, '생각의 혁명'에서

촌철활인 | 한 치의 혀로 사람을 살린다

우리의 생각은 행동을 결정하고, 우리의 행동은 운명을 결정합니다. 이처럼 자신에 대한 규정이 행동을 결정하고 나아가 운명까지 결정하는 것을 '자기규정 효과self-definition effect'라 합니다. '나는 이런 사람이다'라고 스스로를 규정하게 되면 정말 그런 사람처럼 행동하게 됩니다. (이민규, '실행이 답이다'에서)

작은 차이가 큰 차이를 만들어 낸다

사람들 간의 차이는 미미하다. 그러나 그 미미한 차이가 큰 차이를 만들어낸다. 미미한 차이는 태도이고, 큰 차이는 그 태도가 긍정적이냐 부정적이냐 하는 것이다.

— W. 클레멘트 스톤

촌철활인 | 한 치의 혀로 사람을 살린다

"승자의 강점은 타고난 출생, 높은 지능, 뛰어난 실력에 있지 않습니다. 승자의 강점은 소질이나 재능이 아닌 오직 태도에 있습니다. 태도를 보면 그 사람의 성공을 가늠할 수 있는데 이런 태도는 아무리 많은 돈을 주어도 살 수 있는 것이 아닙니다."(데니스 웨이트리(Denis Waitley), 'The winner's edge'에서)

사람들 간에 엄청난 격차를 만드는
아주 작은 차이

사람과 사람 사이에는 아주 작은 차이가 존재한다. 그러나 이 작은 차이가 엄청난 격차를 만들어낸다. 여기서 작은 차이는 '마음가짐이 적극적인가, 소극적인가'이고 엄청난 격차는 '성공하느냐, 실패하느냐'이다.

– 나폴레온 힐

촌철활인 | 한 치의 혀로 사람을 살린다

우리는 과거를 바꿀 수 없고, 우리에 대한 다른 사람의 태도를 바꿀 수 없고, 앞으로 일어날 수많은 일들을 바꿀 수 없습니다. 우리가 유일하게 바꿀 수 있는 것은 다름 아닌 우리가 가지고 있는 것, 바로 우리의 태도뿐입니다. 다행인 것은 우리가 매일 스스로 결정하고 선택할 수 있는 태도가 우리의 미래를 결정한다는 사실입니다.

재능이 아닌 태도가 승부를 결정한다

승리자의 강점은 타고난 재능이나 높은 IQ에 있는 것이 아니다. 그것은 그의 습성에 있는 것이 아니라 전적으로 태도에 달려있다. 태도는 성공의 기준인 것이다.

— 데니스 웨이틀리

촌철활인 | 한 치의 혀로 사람을 살린다

사물을 바라보는 관점의 중요성을 갈파한 알프레드 아르망 몽따페르의 글을 함께 살펴보세요. "다수의 사람들은 장애물을 보지만 소수의 사람들은 목표를 본다. 역사는 후자의 성공을 기록한다. 전자에겐 잊혀짐이란 결과만이 있을 뿐이다."

승자는 구름 위의 태양을,
패자는 구름 속의 비를 본다

내가 걷는 길은 험하고 미끄러웠다. 그래서 나는 자꾸만 미끄러져 길바닥에 넘어지곤 했다. 그러나 나는 곧 기운을 차리고 내 자신에게 말했다. '괜찮아. 길이 약간 미끄럽긴 해도 낭떠러지는 아니야.'

– 에이브러햄 링컨

촌철활인 | 한 치의 혀로 사람을 살린다

"승자는 구름 위의 태양을 보고 패자는 구름 속의 비를 봅니다. 승자는 넘어지면 일어서는 쾌감을 알고 패자는 넘어지면 재수를 한탄합니다."(J.F. 케네디) "길을 걷다가 돌을 보면 약자는 그것을 걸림돌이라고 하고, 강자는 그것을 디딤돌이라고 합니다."

(토마스 칼라일)

인간에게서 빼앗아 갈 수 없는
한 가지

한 인간에게서 모든 것을 빼앗아 갈 수는 있지만, 한 가지 자유는 빼앗아 갈 수 없다. 바로 어떠한 상황에 놓이더라도 삶에 대한 태도만큼은 자신이 선택할 수 있는 자유이다.

— 빅터 프랭클(아우슈비치 수용소에서 죽음의 문턱까지 갔던 정신과 의사)

촌철활인 | 한 치의 혀로 사람을 살린다

삶에 있어서 객관적 사실은 인생을 통틀어 겨우 10%에 불과하고, 나머지 90%는 그 일들에 대한 우리의 반응이라고 합니다.(찰스 스윈들 목사) 삶이란, 우리의 인생 앞에 어떤 일이 생기느냐에 따라 결정되는 것이 아니라, 우리가 어떤 태도를 취하느냐에 따라 결정되는 것입니다.(존 호머 밀스)

기분이 좋을수록
기분 좋아지는 일들이 많아진다

우주의 기운은 자력과 같아서 우리가 어두운 마음을 지니고 있으면 어두운 기운이 몰려온다. 그러나 밝은 마음을 지니고 긍정적이고 낙관적으로 살면 밝은 기운이 밀려와 우리의 삶을 밝게 비춘다.

– 법정 스님, '버리고 떠난다는 것은'에서

촌철활인 | 한 치의 혀로 사람을 살린다

'지배적인 생각이나 마음가짐은 자석처럼 비슷한 것을 끌어당기는 법이므로, 마음가짐이 어떠하든 그에 어울리는 조건이 삶에 나타날 수밖에 없습니다.'(찰스 해낼) 생각하는 대로 이루어집니다. 기분 좋은 일들을 기대한다면 먼저 기분 좋다고 생각해 보세요.

낙관론자와 비관론자의 차이

비관론자들은 모든 기회에 숨어 있는 문제를 보고, 낙관론자들은 모든 문제에 감추어져 있는 기회를 본다.

– 데니스 웨이틀리

촌철활인 | 한 치의 혀로 사람을 살린다

일찍이 칼린 지브란은 "낙관주의자는 장미에서 가시가 아니라 꽃을 보고, 비관주의자는 꽃은 망각하고 가시만 쳐다본다."라고 지적했습니다. 객관적으로 주어지는 환경은 누구에게나 같습니다. 그러나 어떤 사람은 그 속에서 긍정과 낙관을 보고, 또 다른 이는 부정과 비관을 보게 됩니다. 놀라운 것은 그가 보는 대로 이루어진다는 것입니다.

낙관론자가 세상을 변화시킨다

비관론자는 대체로 옳고, 낙관론자는 대체로 그르다. 그러나 대부분의 위대한 변화는 낙관론자가 이룬다.

– 토마스 프리드만

정답을 맞히는 게임이라면 비관론자가 되는 것도 괜찮습니다. 그러나 이 세상은 정답을 맞히는 게임이 아닌 새로운 것을 창조하는 게임에 의해 발전해 나갑니다. 창조의 게임에서는 실패와 오류 가능성이 크다 하더라도 낙관론적 입장을 견지할 필요가 있습니다.

진정으로 낙관적인 사람은

진정으로 낙관적인 사람은 문제를 인식해도 해결책을 찾아내고, 어려움을 알아도 극복할 수 있다고 믿고, 부정적인 상황을 보아도 긍정적인 상황을 강조하고, 최악의 경우에 맞닥뜨려도 최선의 결과를 기대하고, 불평할 근거가 있어도 미소 짓기로 마음먹는다.

– 윌리엄 아서 워드

촌철활인 | 한 치의 혀로 사람을 살린다

긍정적인 사람은 장애물이 나타나면 그것을 뛰어넘습니다. 또 장애가 나타나면 또 뛰어넘을 방안을 찾아냅니다. 반면에 부정적이고 소극적인 사람은 장애가 나타나면 안 되는 이유를 찾습니다. 그 장애를 대신 극복해 주면 안 되는 이유를 또 찾아오고, 또 찾아옵니다. 결과적으로 적극적인 사람은 무슨 일이든 해내는 능력 있는 사람이 되고, 부정적인 사람은 아무 일도 못 해내는 무능력한 사람으로 전락하게 됩니다.

할 수 있다는 자신감이 주는 힘

인간이 할 수 있는 일이라면 무엇이나 할 수 있다는 마음만 갖는다면 설사 어떤 고난에 처한다 해도 언젠가는 반드시 목표를 달성할 수 있다. 이것과 반대로 아주 단순한 일일지라도 자기에게는 무리라고 생각한다면 기껏 두더지가 쌓아 올린 흙더미에 지나지 않는 일도 태산처럼 보인다.

– 에밀 쿠에

촌철활인 | 한 치의 혀로 사람을 살린다

성공한 사람들의 특징 중 하나는 강한 확신입니다. 그들은 자신이 하는 일이 틀림없이 잘될 거라 생각하며 긍정적인 자세로 일을 추진합니다. 그러면 그 신념이 혼신을 바쳐 목표를 관철하게 됩니다. 우리는 절망하지 말아야 합니다. 어려움을 만나는 것은 새로운 장애를 이겨낼 수 있는 특별한 시간을 만들 좋은 기회에 다름 아니기 때문입니다.

불가능하다 말하지 말라

불가능한 이유, 못한다는 얘기를 먼저 꺼내지 마라. 일단은 스스로 어떻게 하면 좋을지, 어떻게 하면 가능한지를 생각하고 대안을 제시하라. 할 수 없는 현실보다 중요한 것은 하고자 하는 의지이다. 불가능이란 단어 자체를 잊어버려라. 그것이 바로 성공으로 가는 지름길이다.

– 스즈키 오사무(회장)

촌철활인 | 한 치의 혀로 사람을 살린다

펄벅 여사는 "불가능하다고 입증되기 전까지는 모든 것이 가능하다. 그리고 불가능한 것도 현재 불가능한 것일 뿐이다."라고 말했습니다. 헨리 포드 역시 "할 수 있다고 생각하는 사람도 옳고 할 수 없다고 생각하는 사람도 옳다. 그가 생각하는 대로 되기 때문이다."라고 주장합니다. 그렇습니다. 불가능은 사실이 아니며 단지 하나의 견해일 뿐입니다.

'뭐든 할 수 있다'는 캔두이즘의 부활을 꿈꾸며

리더들이 제일 먼저 극복한 것은 외부적인 것이 아니라, '나는 못한다. 나는 재능이 없다. 내가 해서는 안 된다.'는 두려움이었다. 기본적으로 인간 능력의 한계는 없다.

– 스티븐 코비, '성공하는 사람들의 7가지 습관'에서

촌철활인 | 한 치의 혀로 사람을 살린다

"해보긴 했어?" 故 정주영 회장이 안 된다고 말하는 직원들에게 입버릇처럼 강조한 말입니다. 직장의 별이라고 일컬어지는 임원이 된 사람과 그렇지 못한 사람의 가장 큰 차이는 다름 아닌 일에 대한 적극성과 긍정적 사고, 자신감 등입니다. "성공의 80%는 자신감에 달려있다."라는 우디 앨런의 말에 전적으로 동감합니다.

할 수 없어도 할 수 있다고 말하자

할 수 없어도 할 수 있다고 말하자. 지금 할 수 있다고 말하지 않으면 영원히 기회는 없다. 우선 "할 수 있다."라고 말하자.

– 나카타니 아키히로(일본 작가)

촌철활인 | 한 치의 혀로 사람을 살린다

"할 수 없다."라고 말하는 순간 안 되는 이유들이 머릿속을 지배하게 됩니다. 또한 수많은 기회들이 흔적도 없이 사라져 갑니다. 반대로 "할 수 있다."라고 말하는 순간 우리의 뇌는 해답을 찾기 위해 분주하게 움직이기 시작합니다. 주변에 도움을 주는 사람들이 모여들고, 행운이 우리를 찾아옵니다. 결국 "할 수 있다."라는 말이 성공을 가져옵니다.

긍정은 무한한 힘을 가지고 있다

긍정적인 마음가짐은 영혼을 살찌우는 보약이다. 이러한 마음가짐은 우리에게 부, 성공, 즐거움과 건강을 가져다준다. 반대로 부정적인 마음가짐은 영혼의 질병이며 쓰레기다. 이는 부, 성공, 즐거움과 건강을 밀어내고 심지어 인생의 모든 것을 앗아간다.

– 나폴레온 힐

촌철활인 | 한 치의 혀로 사람을 살린다

즐겁고 긍정적인 마음은 사람을 강하게 만들어 줍니다. 긍정적인 마음을 가진 것만으로도 성공의 반을 가졌다고 할 수 있습니다. 링컨은 일찍이 "행복해지겠다고 결심하면 행복을 얻을 수 있다."라고 말했습니다. 실제로 심리학자들은 "성공의 80%는 태도와 개성으로 결정된다."라고 주장합니다. 다행히 우리는 매일 어떤 태도를 취할지 스스로 결정하고 선택할 수 있습니다.

긍정적 사고로 낙심을 제압하라

못된 악마가 저잣거리에 노점상을 차리고, 이상하게 생긴 물건에 가장 비싼 가격표를 붙여 놓았다. 지나가던 사람들이 궁금해서 무엇에 쓰이는 물건인지 물었다. 악마 왈 "이건 내가 가진 것 중 가장 강력한 도구지. 바로 낙심이라네. 난 이걸 사용해. 인간들이 마침내 절망에 빠질 때까지 끈기 있게 일한다네. 절망에 한번 빠지면 그걸로 그만이야. 인간들은 내 노예로 전락하고 말거든."

– 양창순, '당신 자신이 되라'에서

촌철활인 | 한 치의 혀로 사람을 살린다

더 큰 일을 하고 싶다면 우리 자신을 더 큰 존재로 규정해야 합니다. 심리학자 콜린스는 수학 성적은 수학적 자질보다 그에 대한 믿음이 더 크게 좌우한다는 사실을 실험으로 확인했습니다. 수학능력이 동등하더라도 수학을 잘할 수 있다는 믿음을 갖고 있는 학생은 그렇지 않은 학생들에 비해 시간이 갈수록 현저하게 수학 성적이 높아진다는 사실을 발견했습니다.(이민규, '실행이 답이다'에서)

운명은 용기 있는 사람에겐 약하다

사람은 대개 자기의 운명을 스스로 만들어가고 있다. 운명이란 외부에서 오는 것 같지만, 알고 보면 자기 자신의 약한 마음, 게으른 마음, 성급한 버릇, 이런 것들이 결국 운명을 만든다. 어진 마음, 부지런한 습관, 남을 도와주는 마음, 이런 것들이야말로 좋은 운명을 여는 열쇠다. 운명은 용기 있는 사람 앞에서는 약하고, 비겁한 사람 앞에서는 강하다.

— 세네카

촌철활인 | 한 치의 혀로 사람을 살린다

삶이란 우리 인생 앞에 어떤 일이 생기느냐에 따라 결정되는 것이 아니라, 우리가 어떤 태도를 취하느냐에 따라 결정되는 것입니다. 운명보다 더 중요한 것은 그것을 바라보는 태도와 자세입니다. 태도와 자세에 따라 운명도 바뀌기 때문입니다.

긍정하라,
매사에 감사하라

말의 힘은 우리의 생각보다 훨씬 세다

푸념이나 험담을 하면 일순간 쾌감을 느끼는 것 같지만, 사실 부정적인 말에는 분노라는 독소가 포함되어 있어 결국 말하는 사람 스스로 불쾌한 감정과 스트레스를 받을 수밖에 없다. 그러니 자기 자신을 위해서라도 부정적인 말은 입에 담지 않는 것이 좋다.

– 코이케 류노스케, '생각 버리기'에서

촌철활인 | 한 치의 혀로 사람을 살린다

예일대 존 바그 교수는 "우리 뇌는 '움직인다.'라는 단어를 읽으면 무의식적으로 행동할 준비를 한다. 특정 단어가 특정 부위를 자극하기 때문이다."라고 말했습니다. 무심코 던진 한마디의 말이 사람을 살리기도 하고 죽이기도 합니다. 특히 부정적인 말은 말하는 사람과 듣는 사람 모두에게 병의 원인이 될 수 있을 정도로 치명적이라는 사실에 주목해야 합니다.

말을 바꿈으로써 운명을 바꾼다

누에가 자기 입에서 실을 뽑아서 고치를 짓는 것처럼 사람은 일상에서 내뱉는 말로 자기 인생의 집을 지어가는 존재다. 부정적인 언어가 입에 밴 사람은 고통과 괴로움의 인생 집을 짓게 되고, 긍정과 평화의 언어가 흘러나오는 사람은 행복과 번영의 인생 집을 짓게 된다.

— 조신영, '고단한 삶을 자유롭게 하는 쿠션'에서

촌철활인 | 한 치의 혀로 사람을 살린다

부정의 말은 부정을 낳고, 긍정의 말은 긍정을 낳습니다. 신의 책상에 이렇게 쓰여 있다고 합니다. "네가 만일 불행하다고 말하고 다닌다면 불행이 정말 어떤 것인지 보여주겠다. 또한 네가 만일 행복하다고 말하고 다닌다면 행복이 정말 어떤 것인지 보여주겠다."(최규상, '긍정력 사전'에서)

원하는 것을 말하고 또 말하라

삶은 부메랑이다. 우리들의 생각, 말, 행동은 언제가 될지 모르나 틀림없이 되돌아온다. 그리고 정확하게 우리 자신을 그대로 명중시킨다. 말에는 창조의 힘이 숨어있다. 원하는 것을 말하고 또 말하라.

– 플로랑스 스코벨 쉰

"어떤 말을 만 번 이상 되풀이하면 반드시 미래에 그 말이 이루어진다."라는 인디언 속담이 있습니다. 반복적인 생각과 말은 결국 현실이 됩니다. 악하고 부정적인 생각과 말은 절망의 열매를, 선하고 긍정적인 생각과 말은 소망과 성취의 열매를 맺게 됩니다.

긍정적 이미지를 불어넣고 싶다면

여러분 자신에게 긍정적인 이미지를 불어넣고 싶다면 다음 세 문장을 매일 아침 외쳐라. "나는 오늘 기분이 좋다!. 나는 오늘 건강하다!. 나는 오늘 너무 멋있다!"

— 클레멘트 스톤(W. Clement Stone)

촌철활인 | 한 치의 혀로 사람을 살린다

아침에 일어나서 가장 먼저 이 글귀를 보고 또 따라서 외칠 수 있을 만한 곳에 이 글귀를 써 붙여놓으면 어떨까요? 우리는 우리가 할 수 있다고 믿고, 될 수 있다고 믿는 것만 될 수 있습니다. 무엇을 하거나 되는가는 모두 우리의 생각에 달려있습니다.

매일 날씨가 좋으면 사막이 된다

수많은 싸움과 셀 수 없는 패배 끝에 성공할 수 있다는 점에서 장애물은 필수적이다. 싸움과 패배는 당신의 실력과 힘을 강화시키고, 용기와 인내력을 키우며, 능력과 자신감을 높일 것이다. 한마디로 모든 장애는 당신을 발전시키는 동지이다.

– 오그 만디노

촌철활인 | 한 치의 혀로 사람을 살린다 ●

성공한 사람들과 20여 년간 인터뷰를 한 나폴레온 힐은 "모든 문제와 어려움은 그만큼의 기회나 더욱 큰 혜택과 닿아 있다."라고 강조합니다. 사람들은 화창한 날씨를 고대하지만 매일 날씨가 좋으면 땅은 사막으로 변해갑니다. 지속적 평안보다는 거친 풍파가 사람을 강하게 합니다.

편안한 삶에는 성장이 없다

삶이 편안하면 방심하게 되고, 방심하면 안주하고 방탕해진다. 편안한 삶에는 성장이 없다. 시련이나 위기는 스스로를 단련시키고 더욱 옹골찬 인간으로 빚어지게 한다. 도자기는 수천 도 고온을 견디고 나서야 예쁜 그릇이 된다. 온실 속 화초보다 온갖 위험 속에 자란 야생초가 더 강인하고 생명력이 질기다.

– 권근, '주옹설'에서

촌철활인 | 한 치의 혀로 사람을 살린다

레오 버스카클리아 글을 함께 살펴보세요. "산다는 것은 죽는 위험을 감수하는 일이며, 희망을 가진다는 것은 절망의 위험을 무릅쓰는 일이고, 시도해 본다는 것은 실패의 위험을 감수하는 일이다. 그러나 모험은 받아들여져야 한다. 왜냐하면 인생에서 가장 큰 위험은 아무것도 감수하지 않는 일이기 때문이다."

부족함이 최고의 선물이다

유대인 성공 비결 중 하나는 부족(lack)에 있다. 탈무드에는 "가난한 가정의 아이들 말에 귀를 기울여라. 지혜가 그들에게서 나올 것이다."란 격언이 있다. 유대인은 부족함을 최고의 선물삼아 유일한 자원인 두뇌 개발을 위한 교육에 집중하여 오늘의 성공을 일구었다.

– 헤츠키 아리엘리(Hezki Arieli, 글로벌 엑셀런스 회장)

촌철활인 | 한 치의 혀로 사람을 살린다

부족함lack은 어떤 이에게는 실패의 핑계가 되고, 또 어떤 사람에게는 성공의 원인이 되기도 합니다. '부족함 때문에 실패했다.'는 표현을 쓰게 될 것인지, '부족함 덕분에 성공했다.'는 표현을 쓰게 될 것인지는 온전히 나의 선택에 달려있습니다.

문제를 즐겨라

모든 것이 잘 풀릴 때가 이상하고, 오히려 나쁜 상황이 당연하다. 이것이 나의 좌우명이다. '문제가 생긴다니, 좋아! 고민하고 풀어 가면 그만큼 성장하는 거지. 문제를 극복하면 새로운 세상이 열리기 때문이야.'

— 하무구치 나오타, '위대한 조언'에서

촌철활인 | 한 치의 혀로 사람을 살린다

위대한 업적을 이룬 사람들은 예외 없이 모두 주어진 문제를 성장의 양식으로 삼아왔습니다. 그들은 문제를 꿈이나 목표를 실현하기 위한 중요한 과정으로 진지하게 받아들이고 극복해왔습니다. 인간은 문제를 받아들이고 해결하려고 노력하기 때문에 성장할 수 있는 것입니다. 고난은 극복하기 위해 있습니다. 훌륭한 선원은 거친 파도가 만듭니다.

내가 성공한 3가지 이유

나는 하느님이 주신 3가지 은혜 덕분에 크게 성공할 수 있었다. 첫째는 집이 몹시 가난해 어릴 적부터 구두닦이와 신문팔이 같은 고생을 통해서 세상을 살아가는 데 필요한 많은 경험을 쌓을 수 있었고, 둘째는 태어났을 때부터 몸이 몹시 약해서 항상 운동에 힘써 왔기 때문에 건강을 유지할 수 있었으며, 셋째는 나는 초등학교도 못 다녔기 때문에 모든 사람을 다 나의 스승으로 여기고 누구에게나 물어가며 배우는 일에 게을리하지 않았다.

– 마쓰시타 고노스케

톨스토이의 글입니다. "고뇌의 기쁨을 모르는 사람은 아직 참된 인생을 시작하지 못한 사람이다. 고뇌는 정신이 향상되어 가는 과정이다. 고뇌 없는 인생의 향상은 불가능하다. 인간은 고뇌를 통해서 불멸에 이른다. 그러므로 불행은 신의 사랑의 징표이다."

실패를 날려버린 가치 있는 재앙

1914년 12월, 에디슨의 실험실은 화재로 사실상 전소되었다. 67세의 나이에, 그간의 에디슨의 거의 모든 작업들은 화염 속에 다 타버리고 말았다. 다음날 아침, 에디슨은 폐허를 바라보며 말했다. "재앙도 가치가 있구만. 내 모든 실패들이 날아가 버렸으니…. 새로 시작하게 해주신 신이여 감사합니다." 화재 후 3주 만에 에디슨은 그의 첫 번째 축음기를 선보였다.

— '적극적 사고방식의 힘'에서

촌철활인 | 한 치의 혀로 사람을 살린다

세상을 낙관적으로 보는 사람들의 성공확률이 비관적인 사람들에 비해 훨씬 높다는 연구결과가 많이 나와 있습니다. 제 아무리 어려운 상황에서도 이를 '보다 나은 미래와 나를 훈련하기 위한 기회'라는 낙관적인 사고를 가진 사람에게는 시련은 오히려 값진 보물로 다가올 수 있습니다.

추운 겨울을 보낸 나무들이 더 아름다운 꽃을 피운다

추운 겨울을 보낸 봄 나무들이 더 아름다운 꽃을 피우듯이, 진정한 고난과 시련을 경험하지 않은 사람은 크게 성장할 수 없고, 눈앞에 다가온 행운도 잡지 못하는 법이다. 내 경우에는 인생을 살면서 경험한 셀 수 없이 많은 고난과 좌절이, 당시에는 앞이 보이지 않고 벼랑 끝이라고 여긴 것들이, 나중에는 성공의 토대가 되어 주었다.

— 이나모리 가즈오(교세라 창업회장), '왜 일하는가'에서

촌철활인 | 한 치의 혀로 사람을 살린다

이나모리 회장의 계속되는 이야기입니다. "지금 돌이켜 보면, 그때 힘들고 어렵다고 생각한 일에 도전하고 적극적으로 맞선 것이 오히려 좋은 결과를 불러왔다. 내가 살면서 겪은 고난과 좌절은 내 인생의 전환점이었고, 가장 큰 행운인 셈이다. 가난과 역경은 가혹한 운명이 아니라 나를 단련시키기 위해 신이 내게 준 최고의 선물이었다."

모든 장애는 방해가 아닌 위대한 가르침이다

당신이 모든 형태의 역경을 피해갈 수 있어서 그렇게 한다면, 당신의 성품을 어떻게 계발할 것인가? 역경이란 피해갈 것도, 두려워해야 할 것도 아니다. 품에 안고 극복해야 하는 것이다. 사람의 성품에서 인내심이란 마치 쇠에 탄소를 집어넣는 것과 같다. 탄소는 쇠를 굳게 만들고, 인내는 당신을 강하게 만든다.

– 컬린 터너(Colin Turner)

촌철활인 | 한 치의 혀로 사람을 살린다

컬린 터너는 어떤 일이 생길 때마다 자신에게 이렇게 말하라고 제안합니다. "여기에서 내가 배울 점은 무엇인가? 여기에서 내가 끌어낼 수 있는 점은 무엇인가? 나는 어떤 기회를 발견할 수 있는가?"

니체는 "찬란한 별이 탄생하기 위해서는 자기 안에 혼란이 존재해야 한다."라고 말했습니다. 모든 걸림돌은 내가 바라는 존재가 되기 위해 꼭 견뎌내야 할 학습의 하나라 할 수 있습니다.

역경이 사람을 키운다

인간의 성격은 편안한 생활 속에서는 발전할 수 없다. 시련과 고생을 통해서 인간의 정신은 단련되고 또한 어떤 일을 똑똑히 판단할 수 있는 힘이 길러지며 더욱 큰 야망을 품고 그것을 성공시킬 수 있는 것이다.

– 헬렌 켈러

촌철활인 | 한 치의 혀로 사람을 살린다

헬렌 켈러는 다음과 같이 역경을 예찬하고 있습니다. "나는 나의 역경에 대해서 하나님께 감사한다. 왜냐하면 나는 역경 때문에 나 자신, 나의 일, 그리고 나의 하나님을 발견했기 때문이다." 세상이 편리해지는 만큼 역경을 체험할 기회는 점점 줄어듭니다. 따라서 미래의 인재들에게는 역경 체험 기회가 그만큼 소중하다 하겠습니다.

불행은 행복이 먼저 보낸 사신

우리를 시시각각으로 괴롭히는 수많은 크고 작은 불행은 우리를 연마해서 커다란 불행에도 견딜 수 있는 힘을 양성해 주며, 행복하게 된 후에도 마음이 흔들리지 않도록 단결케 하는 사명을 가지고 있다.

— 쇼펜하우어

촌철활인 | 한 치의 혀로 사람을 살린다

"불행은 행복이 먼저 보낸 사신이다."라는 말이 있습니다. 프랭클린은 진정한 인간은 역경을 견디어 내고서야 탄생한다고 말합니다. 지금 닥친 역경과 불행은 내가 진정한 인간으로 태어나게 해주는 소중한 선물입니다. 딛고 올라서서 행복을 맞을 준비를 하라며 보내준 디딤돌입니다. (박승원, '희망의 말'에서)

위대한 성취를 이뤄낸 사람들의 공통점

성공을 이뤄낸 유명 인사들의 어린 시절을 수십 년에 걸쳐 탐구한 결과, 그들에게서 한 가지 공통점을 발견했다. 그것은 그들 모두 어린 시절 넘지 못할 거대한 장애물에 가로막혀 있었다는 사실이었다. 그들이 맞닥뜨린 신체적, 정신적, 그리고 금전적인 장애물은 오히려 성공을 위한 강한 자극제가 되어주었다. 만약 그들에게 뛰어넘어야 할 문제가 전혀 없었다면 그렇게 성공할 수 없었을 것이다.

– 빅터·밀드레드 고어츨 부부(Victor·Mildred Goertzel, 전 미국영재교육협회 회장)

촌철활인 | 한 치의 혀로 사람을 살린다

한근태 님의 역경예찬입니다. "역경(고난)은 성공하기 위해 반드시 치러야 할 통과의례다. 역경은 사람을 겸손하게 한다. 역경은 사람을 지혜롭게 만든다. 역경은 사람을 강하게 만든다. 역경만큼 신사적인 적敵은 없다. 역경이 지고 물러날 때는 돈보다 귀한 지혜라는 선물을 남겨주고 가기 때문이다."

인재를 가장 많이 배출한 학교

과학과 예술 분야에서 큰 업적을 남긴 사람은 반드시 대학에 다니거나, 박물관이나 미술관 등의 편의를 본 사람이 아니며, 위대한 기술자와 발명가가 반드시 기계학을 전문적으로 가르쳐 주는 학교에서 배운 사람은 아니었다. 발명의 모체는 편의보다 곤궁이었으며, 인재를 가장 많이 배출한 곳은 '고난'이라는 학교였다.

– 사무엘 스마일즈, '자조론'에서

촌철활인 | 한 치의 혀로 사람을 살린다

궁즉통窮則通이라는 말이 있습니다. 막다른 골목에 다다르면 반드시 해결책을 찾을 수 있다는 얘기입니다. 조직을 책임지는 훌륭한 리더도, 일반의 기대를 넘어서는 탁월한 상상력도 '곤궁'과 '고난'이라는 학교에서 생성됩니다.

성공이라는 글자를
현미경으로 들여다보면

뛰어넘을 수 없는 벽은 찾아오지 않는다. 고통 없는 성공은 있을 수 없다. 성공이라는 글자를 현미경으로 들여다보면 그 속에는 수없이 작은 실패가 개미처럼 많이 기어 다닌다.

– 정호승, '내 인생에 힘이 되어준 한마디'에서

촌철활인 | 한 치의 혀로 사람을 살린다

일반적인 공식으로 풀면 실패+실패는 좌절이 나와야 정답이지만 많은 실패를 극복하고 성공한 사람들, 즉 실패로부터 학습한 사람들의 공식으로 풀면 실패+실패의 정답은 성공이 됩니다.

상처야말로 삶이 내게 준 가장 귀한 것

　무릎을 봐라. 무릎이 성한 사람은 값어치가 없다. 일어설 때 몇 번이고 무릎을 깨뜨려 본 사람, 무릎에 상처가 있는 사람이 삶을 제대로 사는 사람이다. 누가 시키지도 않는데 자빠져 가면서, 무릎을 깨뜨려 가면서 우리는 성장해 간다.

– 이어령, '우물을 파는 사람'에서

촌철활인 | 한 치의 혀로 사람을 살린다

　로맹 롤랑의 글을 함께 감상해보세요. "자신을 극복하려면 자신과 싸워야 한다. 상처야말로 삶이 내게 준 가장 귀한 것이기 때문이다. 상처 하나하나가 한 걸음 한 걸음 앞으로 나간 흔적이다."

진주가 아름다운 이유

진주는 조개의 상처 때문에 생긴다. 조개 안에 모래알 같은 이물질이 들어오면 조개는 그것을 감싸기 위해 체액을 분비하는데, 그 체액이 쌓여 단단한 껍질을 이루어 진주가 된다. 진주는 상처의 고통을 영롱한 아름다움으로 승화시킨 결과다.

– 정호승, '내 인생에 용기가 되어준 한마디'에서

촌철활인 | 한 치의 혀로 사람을 살린다

이물질이 들어왔을 때 고통에 저항하지 않으면 진주조개는 병들어 죽게 된다고 합니다. 결국 조개에게 고통은 자신을 아름답게 살리는 존재인 것입니다. 고통과 그 고통을 이기는 인내의 시간 없이 만들어지는 진주는 없습니다.

큰 사람으로 만들기 위해 하늘이 내려준 고통이라는 선물

너는 큰일을 하기 위해 이 세상에 태어났다. 네가 지금 이렇게 병으로 고통받는 것은 너를 강하고 위대한 사내로 만들기 위한 하느님의 시험이다.

– 켄 셸턴, '성공한 사람들의 10가지 공통법칙'에서

촌철활인 | 한 치의 혀로 사람을 살린다

아래 맹자 말씀과 궤를 같이합니다. "하늘이 장차 그 사람에게 큰 사명을 주려할 때는 반드시 먼저 그의 마음과 뜻을 흔들어 고통스럽게 하고, 그 힘줄과 뼈를 굶주리게 하여 궁핍하게 만들어 그가 하고자 하는 일을 흔들고 어지럽게 하나니, 그것은 타고난 작고 못난 성품을 인내로써 담금질하여 하늘의 사명을 능히 감당할 만하도록 그 기국과 역량을 키워주기 위함이다."

고통을 주신 신이여 감사합니다

성장에는 고통이 뒤따르고, 이것은 성장에 크나큰 장애가 될 수 있다. 그러나 고통은 일시적이지만 성장은 영속적이다. 신은 잠시의 고통을 덜어줄 수 있지만 그 대가는 영원히 지속될 성장의 박탈이다. 우리 삶에 고통을 허락하여 성장하도록 도와주시는 신에게 감사해야 한다. 큰 고통의 결과는 성장이기 때문이다.

— 존 레도(심리학자)

촌철활인 | 한 치의 혀로 사람을 살린다

우리는 가끔 끔찍한 고통의 파도를 겪게 됩니다. 그 고통은 성장을 저지할 만큼 극심한 경우도 많습니다. 그러나 고통은 유쾌하지 않지만, 일정 시일이 지나고 보면 대부분 유익하다고 말해도 무방합니다.

감사의 분량이 곧 행복의 분량

감사하는 마음을 가지면 숙면을 취하고 좋은 기분을 유지하며, 피곤함이 없어진다. 또한 자부심을 강화시키며 정서적 유대감을 유발하여 인간관계를 돈독하게 한다.

— 마이클 매컬러프(박사), '백만불짜리 웃음'에서

촌철활인 | 한 치의 혀로 사람을 살린다

로버트 에몬스 박사는 "사람들에게 매주 5개씩 고마운 것들을 쓰게 했더니, 그렇지 않은 사람보다 건강이 좋고 스트레스를 덜 받는 것으로 나타났다."라는 연구결과를 발표한 바 있습니다. 간디는 "감사의 분량이 곧 행복이 분량"이라고 역설합니다. 감사와 행복은 비례합니다.

감사하는 마음이 부자를 만든다

감사하는 마음을 가지면 부가 생기고, 불평하는 마음을 가지면 가난이 온다. 감사하는 마음은 행복으로 가는 문을 열어 준다. 감사하는 마음은 우리를 신과 함께 있도록 해준다. 늘 모든 일에 감사하게 되면 우리의 근심도 풀린다.

– 존 템플턴

촌철활인 | 한 치의 혀로 사람을 살린다

'시크릿'의 저자 론다 번은 감사에 대해 다음과 같이 말합니다. "아무리 작은 것일지라도 당신이 가진 것에 대해 고마워할 때 당신은 그런 것을 더 많이 받을 것이다. 당신이 받은 것, 그리고 지금도 계속 받고 있는 것에 감사하는 마음을 주면 그것은 더 크게 늘어난다. 그와 동시에 감사하는 마음이 당신이 원하는 것을 가져다준다."

열정과 노력

모든 성공엔 열정이 함께한다

노력이 천재를 이긴다

모든 성공엔
열정이 함께한다

성공의 비결은

성공의 비결은 남들이 잘 때 공부하고, 남들이 빈둥거릴 때 일하며, 남들이 놀 때 준비하고, 남들이 그저 바라기만 할 때 꿈을 갖는 것이다.

— 윌리엄 A. 워드

촌철활인 | 한 치의 혀로 사람을 살린다

창작 활동의 비결이 뭐냐는 질문에 헤밍웨이는 "여하튼 매일 정해진 시간에 책상에 앉는 것이다."라고 말했습니다. 성공의 첩경은 매일매일 꾸준하게 올바른 일을 해나가는 데 있습니다. 그것이 남들에게는 어느 날 갑자기 성공한 것으로 보이는 것뿐입니다.

성공의 고지는

성공한 사람들이 도달한 높은 고지는 단번에 오른 것이 아니다. 경쟁자들이 밤에 잠을 자는 동안 한 발짝 한 발짝 기어오른 것이다.

– 헨리 워즈워드 롱펠로

촌철활인 | 한 치의 혀로 사람을 살린다

작가 마이클 르뵈프는 "하루아침에 성공을 거두기 위해서는 15년이 필요하다. 좋은 소식은 그 15년이 매우 빨리 지나간다는 것이다."라고 말했습니다. 즐겁게 과정을 즐기는 사람만이 시간과 노력을 들여 위대한 작품을 만들어 냅니다.

그 작은 단 한 번의 시도

성공한 사람과 그렇지 못한 사람의 차이는 작다. 성공하기 위해서 100번을 시도해야 한다면 실패한 사람은 99번 시도하고 말지만 성공한 사람은 한 번 더 도전한다. 그 한 번의 차이가 성공과 실패를 구분하고, 그 한 번의 차이가 고급과 저급을 구별하며, 그 1점의 차이가 시험에서 당락을 좌우한다.

– 신현만, '20대가 끝나기 전에 꼭 해야 할 21가지'에서

촌철활인 | 한 치의 혀로 사람을 살린다

남들이 할 만큼 했다고 포기할 때 성공한 사람들은 한 번 더 몸을 던집니다. 발명왕 토마스 에디슨도 "인생에서 실패하는 대부분의 경우는, 그들이 포기한 바로 그 순간 그들이 성공에 얼마나 근접했는지를 깨닫지 못했기 때문이다."라고 같은 맥락의 말을 했습니다.

절실히 염원하면 무엇이든 이루어진다

염원하면 '무슨 일이든 이루겠다!'는 집념이 샘솟고, 그 집념에서 놀랄 만한 엄청난 힘이 나온다. 원래 인간에게는 누구나 기적을 일으킬 힘이 잠재되어 있다. 그것을 믿고 실행하는가, 그렇지 않는가에 달려 있을 뿐이다. 한마디 덧붙이자면, 바보가 되어 무모하게 도전하는 마음을 가져야 한다.

– 메리케이 애쉬(메리케이 애쉬 화장품 창업회장)

촌철활인 | 한 치의 혀로 사람을 살린다

절실히 염원하면 그것을 실현시키기 위해 자연히 모든 것을 걸고 온힘을 다하게 됩니다. 따라서 우리의 바람이 이루어지는 것은 시간문제입니다. 성공은 그것을 결의하는 가슴속에 있습니다. 출발하기 위해서 위대해질 필요는 없지만 위대해지려면 출발부터 해야 합니다.(레스 브라운)

실패한 사람은 재능을,
성공한 사람은 열정을 이유로 든다

꿈을 이루지 못한 사람들은 "나는 재능이 없었어."라고 말한다. 꿈을 이루지 못한 이유가 재능이 없었다는 것이라면 꿈을 이룬 사람들은 모두 "재능이 있었다."라고 대답하는 것이 맞겠지만 성공한 사람 중에 그런 대답을 한 사람은 한 명도 없다. 꿈을 이룬 사람들은 "정말로 하고 싶었던 일을 열정을 가지고 계속 했을 뿐이다."라고 말한다.

– 기타가와 야스시, '편지가게'에서

촌철활인 | 한 치의 혀로 사람을 살린다

실패한 사람은 '재능'에 의지하여 꿈을 이루려고 합니다. 반면 성공한 사람들은 '열정'에 의지하여 꿈을 이루려고 합니다. 넘치는 재능이 있지만 열정이 없어서 꿈을 실현할 수 없었던 사람은 많이 있지만, 각 분야에서 성공한 사람 중에 열정을 계속 가지고 있지 않았던 사람은 없습니다. 필요한 것은 재능이 아니라 하고 싶은 일에 열정을 다하는 것입니다. 누구든 열정을 통해 재능을 꽃피울 수 있습니다.

사람은 마음속에 정열이 불탈 때 가장 행복하다

열정은 당신의 사랑을 성공적으로 이끌 것이다. 열정은 사랑의 감정에 불을 붓는다. 열정적이지 못한 인생은 살 가치가 없다. 열정적이지 못한 삶은 시험해 볼 가치도 없다. 세월은 피부를 주름지게 하지만, 열정을 저버리는 것은 영혼을 주름지게 한다.

– 더글라스 맥아더(장군)

촌철활인 | 한 치의 혀로 사람을 살린다

"무슨 일에 열중하고 있는 사람은 젊어 보인다. 사람은 그 마음속에 정열이 불타고 있을 때가 가장 행복하다. 정열이 식으면 그 사람은 급속도로 퇴보하고 무력하게 되어 버린다." 라로슈푸코의 말입니다. 열정 없이 성취된 위업은 없습니다. 다행히 열의가 있는 것처럼 행동하면 자신에게도 열의가 있는 것처럼 느껴집니다.

욕심이 나를 성공시킬 원동력이 된다

욕심이 없으면 평탄한 인생을 살 수 있다. 하고 싶은 욕심이 있기에, 하고 싶은 일이 있기에 시련도 겪는 것이다. 욕심이 없으면 벽에 부딪칠 일도 없다. 하지만 그래서는 진정한 뜻을 세우지 못한다. 욕심을 가져라. 그것이 우리를 성장시킬 원동력이 될 테니까.

— 사사키 쓰네오, '일과 인생의 기본기'에서

촌철활인 | 한 치의 혀로 사람을 살린다

욕심이라고 하면 나쁘게 들릴 수도 있습니다. 그러나 사실 욕심은 우리 삶의 원동력이 됩니다. 욕심이 있기 때문에 열심히 공부하고 열심히 일하는 것입니다. 다만 자기 위주의 욕심은 반드시 벽에 부딪치기 마련이라는 사실을 명심해야 합니다. 나만을 위한 욕심이 아닌, 공동체를 위한 욕심, 남을 먼저 배려하는 욕심으로 뜻을 세울 때 세상의 모든 힘이 나의 성공을 돕게 됩니다.

미켈란젤로의 동기

　　미켈란젤로가 그의 가장 위대한 작품인 시스티나 성당의 600평방미터 넓이의 천장벽화를 그릴 때의 일이다. 한번은 그가 받침대 위에 올라가 누워서 천장 구석에 인물 하나를 조심스럽게 그려 넣고 있었다. 그 때 친구가 다가와 이렇게 물었다. "여보게, 그렇게 구석진 곳에 잘 보이지도 않는 인물 하나를 그려 넣으려 그 고생을 한단 말인가? 그게 완벽하게 그려졌는지 그렇지 않은지 누가 안단 말인가?" 미켈란젤로가 말했다. "내가 알지."

　　이런 내면적 동기부여를 미켈란젤로의 동기라고 부릅니다. 어느 조직에나 소수지만 이런 사람들이 있습니다. 경험에 의하면, 이런 미켈란젤로의 동기를 가진 사람들이 결국은 크게 성공합니다.

보통 사람이 천재가 되는 법

천재는 보통 사람과 다를 게 없다. 다만 몰입함으로써 자신에게 숨어 있는 재능을 인지하는 보통 사람일 뿐이다. 몰입하고 또 몰입하면 어떤 문제도 풀리게 마련이고, 그런 과정을 되풀이함으로써 자신도 모르게 천재가 되는 것이다.

— 윈 웽거 & 앤더스 에릭슨(미국의 유명한 천재연구가, 박사)

촌철활인 | 한 치의 혀로 사람을 살린다

어떤 일이든 처음부터 잘되는 일은 없습니다. 미쳐서 오랜 기간 몰입해야 비로소 결과가 나오기 시작합니다. 수적석천水滴石穿 즉, 물방울이 돌을 뚫는 것과 같은 이치입니다. 하루 평균 3,000번의 스윙을 했다는 최경주 선수는 이렇게 말합니다. "오늘 1,000개를 치겠다고 자신과 약속했으면 1,000개를 쳐야 한다. 999개 치고 내일 1,001개 치겠다며 골프채를 내려놓는 순간 성공은 당신 곁을 떠나간다."

천재와 보통 사람의 차이점

재능이란 IQ(지능지수)의 높낮이를 가리키는 것이 아니라 어떤 일에서 '진정한' 흥미를 발견해 내고 '순수한' 재미를 느끼는 능력이다. 순수한 재미와 진정한 흥미는 지속성이 있다. 다시 말해 어떤 일에 흥미를 잃지 않고 계속 할 수 있는 능력이 재능이다.

촌철활인 | 한 치의 혀로 사람을 살린다

천재들은 보통 사람보다 5배 정도 더 노력한다고 합니다. 모차르트는 35년 동안 600여 편을 작곡했고, 아인슈타인은 50년간 248건의 논문을 썼습니다. 에디슨은 1,093건의 특허권을 따냈습니다. 재능을 발휘할 수 있는 분야를 찾아서 남보다 5배 더 열심히, 그리고 꾸준하게 노력하면 누구나 천재가 될 수 있습니다.

행운은 눈이 멀지 않았다

행운은 눈이 멀지 않았다. 따라서 부지런하고 성실한 사람을 찾아간다. 앉아서 기다리는 사람에게는 영원히 찾아오지 않는다. 걷는 사람만이 앞으로 나아갈 수 있다. 노력하는 사람에게 행운이 찾아온다.

– 클레망소

촌철활인 | 한 치의 혀로 사람을 살린다

탈무드에 나오는 행운 이야기 함께 살펴보세요. "원하는 것도 인생의 목적도 없는 사람들에게 행복한 일은 일어나지 않는다. 행운은 그들에게서 아무 의도도 발견할 수 없기에 그들 곁을 지나쳐 버린다."

행운의 여신은
늘 근면한 사람 곁에 있다

흔히 행운의 여신은 눈이 멀었다고 불평하지만, 인간만큼 눈이 멀지는 않았다. 실생활을 자세히 살펴보면 바람과 파도가 유능한 항해사의 편이듯 행운의 여신은 언제나 근면한 사람 곁에 있다.

– 새뮤얼 스마일스

촌철활인 | 한 치의 혀로 사람을 살린다

로버트 브라우닝의 말씀도 새겨 볼만 합니다. "위대한 사람은 단번에 그와 같이 높은 곳에 뛰어오르는 게 아니다. 다른 사람들이 잘 시간에 그는 일어나서 괴로움을 이기고 일에 몰두했던 것이다. 인생은 자고 쉬는 데 있는 것이 아니라 한 걸음 한 걸음 걸어가는 데 있다."

창의성은 '머리'가 아닌 '엉덩이' 싸움이다

결과물은 공을 들인 만큼 나온다. 다른 사람 보다 아이디어가 조금이라도 더 기발하고, 조금이라도 더 위트 있는 사람은 남들보다 한 시간이라도 더 고민하고 더 작업한 친구다. 크리에이티브(creative)는 '머리'가 아닌 '엉덩이' 싸움이다.

— 박서원, '생각하는 미친놈'에서

촌철활인 | 한 치의 혀로 사람을 살린다

박서원 대표의 이야기입니다. "누가 더 똑똑하고 더 기발한가의 문제가 아니라 누가 더 오래 열심히 연구하는가의 문제다. 이제 더 이상 갈 데가 없다고 생각할 때 한 발짝 더 가는 것, 이제 더 이상 쥐어짤 게 없다고 생각될 때 한 번 더 고민하는 것, 그것이 좀 더 나은 결과, 좀 더 좋은 아이디어를 탄생시키는 비결이다."

뛰어난 사람이 더 많이 연습한다

피아노 건반을 두드리는 것보다 더 지루한 일은 없다. 그러나 명성을 날리고 연주 활동이 많은 피아니스트일수록 더욱 더 열심히, 시간이 날 때마다, 매일매일 한 주도 빠지지 않고 연습하지 않으면 안 된다. 마찬가지로 유능한 외과의사일수록 더 충실하게, 틈나는 대로, 매일 그리고 매주, 봉합술을 연습해야 한다.

— 피터 드러커

촌철활인 | 한 치의 혀로 사람을 살린다

미켈란젤로는 "사람들은 저를 천재라고 부릅니다. 하지만 평소 제가 얼마나 연습하고 훈련하는지 곁에서 지켜본다면 저를 천재라고 부르지 못할 것입니다."라고 말했습니다. 연습이 천재를 만듭니다. 창의력 역시 연습의 산물입니다.

내가 하루도 쉬지 않는 이유

훈련이 계속되고 몸이 피곤해지면 '하루쯤 쉬면 안 될까?'하는 생각이 들곤 한다. 하지만 하루를 쉬면 그만큼 다음 날 해야 하는 훈련 양이 많아진다. 미리 준비하지 않으면 기회는 다가오지 않는 법이다. 그것이 내가 하루도 쉴 수 없는 이유다.

— 박지성, '멈추지 않는 도전'에서

촌철활인 | 한 치의 혀로 사람을 살린다

위대한 사람은 많은 사람들이 밤에 단잠을 잘 적에 일어나서 괴로움을 이기고 일에 몰두했던 사람들입니다. 이어지는 박지성의 글입니다. "언젠가는 그들도 한 번쯤 쉴 것이고 그때 내가 쉬지 않고 나아간다면 차이는 조금이라도 줄어들 것이다. 중요한 것은 내가 쉬지 않고 뛰고 있다는 것이지 그들이 내 앞에 있다는 사실이 아니었다."

어제의 나와 경쟁한다

나의 유일한 경쟁자는 어제의 나다. 눈을 뜨면 어제 살았던 삶보다 더 가슴 벅차고 열정적인 하루를 살려고 노력한다. 연습실에 들어서며 어제 한 연습보다 더 강도 높은 연습을 한 번, 1분이라도 더 하기로 마음먹는다. 어제를 넘어선 오늘을 사는 것, 이것이 내 삶의 모토다.

– 강수진, '나는 내일을 기다리지 않는다'에서

촌철활인 | 한 치의 혀로 사람을 살린다

자기 자신과 경쟁하는 사람은 다른 사람을 시기할 시간도, 다른 사람과 비교해서 자괴감에 빠지거나 자책할 시간도 없습니다. 남이 아닌 어제의 자신과 경쟁할 때 승자와 패자가 나뉘지 않고, 모두가 행복한 성공의 길로 들어설 수 있습니다.

인생을 사랑한다면, 시간을 낭비하지 말라

그대는 인생을 사랑하는가? 그렇다면 시간을 낭비하지 말라. 왜냐하면 시간은 인생을 구성한 재료니까. 똑같이 출발하였는데 세월이 지난 뒤에 보면 어떤 사람은 뛰어나고 어떤 사람은 낙오자가 되어 있다. 이 두 사람의 거리는 좀처럼 접근할 수 없는 것이 되어 버렸다. 이것은 하루하루 주어진 시간을 잘 이용했느냐 이용하지 않고 허송세월을 보냈느냐에 달려 있다.

— 벤자민 프랭클린

촌철활인 | 한 치의 혀로 사람을 살린다

시간에 대한 명언들을 함께 감상해보세요. "그대의 하루하루를 그대의 마지막 날이라고 생각하라."(호라티우스) "내가 헛되이 보낸 오늘 하루는 어제 죽어간 이들이 그토록 바라던 하루이다."(소포클레스) "세월은 누구에게나 공평하게 주어진 자본금이다. 이 자본을 잘 이용한 사람에겐 승리가 있다."(아뷰난드)

자신을 통제하는 것,
그것은 가장 위대한 예술이다

계속 달려야 하는 이유는 아주 조금밖에 없지만 달리는 것을 그만둘 이유라면 대형 트럭 가득히 있다. 우리에게 가능한 것은 그 '아주 적은 이유'를 하나하나 소중하게 단련하는 일뿐이다.

촌철활인 | 한 치의 혀로 사람을 살린다

괴테는 "자신을 통제하는 것, 그것은 가장 위대한 예술이다."라고 말했습니다. 자기통제를 잘하고, 자기 자신과의 약속을 더 잘 지키는 사람일수록 더 많이 이루고, 더 많이 성숙해지는 인생의 승자가 될 가능성이 높아질 거라 믿어봅니다.

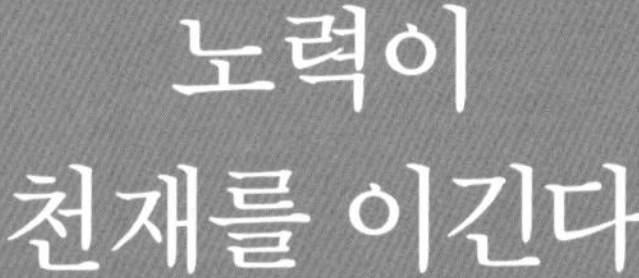

노력이
천재를 이긴다

노력만 한 지름길도 없다

남이 한 번에 능하면 나는 백 번을 하고 남이 열 번에 능하면 나는 천 번을 한다. 과연 이 방법으로 한다면 비록 어리석다 하더라도 반드시 밝아지고 비록 유약하더라도 반드시 강해진다.

– 중용

촌철활인 | 한 치의 혀로 사람을 살린다

할리우드 최고의 컨셉 디자이너로 인정받는 스티브 정은 이렇게 말합니다. "창의력이 머리에서 나온다는 말을 믿지 않는다. 오히려 엉덩이에서 나온다고 생각한다. 한번 구상에 들어가면 5시간이고 10시간이고 한자리에 앉아 몰입하는 편이다. 끝을 내야 일어선다. 졸업 후 회사에서 일을 시작한 뒤 7년 동안 딱 사흘 쉬어봤다. 그것도 아파서….".('최고가 되려면 최고를 만나라'에서)

노력하는 사람에겐 운이 달라붙는다

운이 좋아서 성공한 사람의 뒤를 살펴보라. 그 사람은 틀림없이 노력한 흔적이 있다. 운이 없는 사람과는 뭐가 달라도 다르다. 노력하는 사람에게는 운이 착착 달라붙는다. 그리고 운은 행동에서 나온다. 나는 말해 주고 싶다. 운은 하늘에서 떨어지는 것이 아니라 발뒤꿈치에서 솟아오르는 것이라고….

– 김영식(천호식품 회장)

촌철활인 | 한 치의 혀로 사람을 살린다

땀은 배신하지 않습니다. 노력을 이기는 천재는 없습니다. 평범하지만 꾸준히 실행하는 사람이 언젠가는 게으른 천재를 이깁니다. 실력이란 꾸준한 노력의 다른 이름입니다.

지루한 반복이 달인을 만든다

일을 그만둔다면 모르겠지만, 어떤 이유로든 일을 해야 한다면 반복을 즐겨야 한다. 반복은 피로를 야기하는 독이기도 하지만 전문가를 만들어주는 약이기도 하다. 능력 있는 사람은 반복이 주는 피로에 지쳐 중도하차하지 않는다. 반복이 주는 스트레스를 관리하는 것 자체가 아주 중요한 능력이기 때문이다.

– 허병민, '1년만 버텨라'에서

촌철활인 | 한 치의 혀로 사람을 살린다

광고인 박웅현 씨는 "천재성은 천재적인 영감이 아니었다. 거기에 대한 철저한 믿음과 그것을 끝까지 물고 늘어지는 힘이었다."라고 고백합니다. 달인이 되는 비결은 매우 단순합니다. 가끔은 힘들고 짜증나더라도, 매일 세수하고 양치하듯이 꾸준하게 반복하는 것이 바로 그것입니다.

천재 모차르트, 그 위대함의 비밀

사람들은 내가 쉽게 작곡한다고 생각하지만 그건 아니라네. 단언컨대 친구여, 나만큼 작곡에 많은 시간과 생각을 바치는 사람은 없을 걸세. 유명한 작곡가의 음악치고 내가 수십 번에 걸쳐 꼼꼼하게 연구하지 않은 작품은 하나도 없으니 말이야.

— 모차르트가 친구에게 보낸 편지, 이숙영 저 '엄마, 행복해'에서

촌철활인 | 한 치의 혀로 사람을 살린다

흔히들 천재는 타고난다고 합니다. 그러나 모차르트는 타고난 재능만으로 위대한 작곡가가 된 것은 아닙니다. 스물여덟 살 때 그의 손은 기형이 되었습니다. 너무 오랜 시간 연습하고, 작곡을 위해 늘 펜을 쥐고 있었기 때문이라 합니다. '매일 반복하는 규칙적인 작업'이 쌓여 위대함이 만들어집니다.

타고난 재능은 인간이 만들어낸 허구

다른 사람들로부터 인정을 받기 위해서는 부단한 연습 이외에 다른 방법이 없다. 타고난 재능이란 인간이 만들어낸 허구에 불과하다. 나는 슬럼프에 빠지면 더 많은 연습을 통해 정상을 되찾곤 한다.

― 타이거 우즈

일부 타고난 자질도 분명 있을 것입니다. 그러나 끝이 없는 노력과 정진을 통해 계발시키는 것에 비하면 타고난 소질은 미세한 먼지에 불과합니다. 인간은 스스로 자신을 만들어가는 존재라는 인식을 명확히 하는 것, 그것이 모든 자기계발의 시작점입니다.

성공의 비결은 결코 운이 아니다

성공의 비결은 결코 운이 아니다. 셀 수 없이 많은 고통에 몸이 찢겨 나가도 웃으며 앞으로 나아갔던 사람들의 시린 상처를 들춰보라. 거기에 답이 있다. 까지고 부러지고 찍어진 내 두 발, 30년 동안 아물지 않은 그 상처가 나를 키웠다. 성공한 사람의 부와 명예만을 바라보지 마라. 또 그걸 운으로 이룬 것이라 생각하지 말라.

– 강수진, '나는 내일을 기다리지 않는다'에서

촌철활인 | 한 치의 혀로 사람을 살린다

"훈련 한 번으로는 아무것도 일어나지 않는다. 자신을 채찍질하며 수천 번 훈련했을 때, 신체의 여러 부분에서 변화와 발전이 일어날 것이다."(올림픽 3관왕 체코 육상선수 에밀 자토)

"고된 훈련 때문에 경기가 쉬웠다. 그게 나의 비결이다. 그래서 나는 승리했다."(체조 선수 나디아 코마네치)

재능이 부족한 사람이
더 많이 성공한다

보통의 능력을 지닌 사람이 탁월한 신체적 장점과 지적 재능을 지닌 사람보다 더 자주 성공한다. 왜냐하면 그들은 현재 자신에게 주어진 것들만으로도 더 열심히 하기 때문이다.

— 케네스 힐데브란트

촌철활인 | 한 치의 혀로 사람을 살린다

심리학자들 연구에 따르면 재능 있는 이들의 경력을 관찰하면 할수록 타고난 재능의 역할은 줄어들고 연습이 하는 역할은 커진다고 합니다. 노력을 이기는 재능은 없습니다. 땀은 거짓말을 하지 않습니다.

노력은 수단이 아니라 그 자체가 목적이다

노력은 수단이 아니라 그 자체가 목적이다. 노력하는 것 자체에 보람을 느낀다면 누구든지 인생의 마지막 시점에서 미소를 지을 수 있을 것이다.

— 톨스토이

일도 그렇고 공부도 그렇습니다. 일과 학습을 통해 목적하는 바를 이룰 수 있다는 점에서는 수단에 틀림없습니다. 그러나 이를 단순히 수단으로만 생각하지 않고 그 자체에 몰입하여 즐길 수 있다면 그 과정에서 큰 행복을 얻을 수 있고, 결과는 더욱 풍성해질 것입니다.

과정이 결과보다 중요하다

추구하는 행위(과정)가 그로 말미암아 얻은 결과보다 더 위대하며, 노력이 상보다 더 좋으며(아니, 노력 자체가 상이다), 게임이 격렬하지 않다면 승리는 값싸고 공허한 것이라는 위대한 진리를 결국은 깨닫게 될 것이다.

— 벤저민 카르도조(미국 대법원 판사)

촌철활인 | 한 치의 혀로 사람을 살린다

무슨 일이든 그 일의 성공은 성공의 날에 만들어지는 것이 아니라, 성공의 날로 달려가는 지난한 노력의 과정이 배양시키는 것입니다. 궁극적인 보상만 짜릿한 것이 아니라 그 보상을 얻기 위해 필요한 활동 자체도 무척 가치 있습니다. 정상을 정복했을 때의 기쁨도 크지만, 산을 오르는 것 자체가 즐거움의 상당 부분을 차지하는 것과 마찬가지 이치입니다.('모나리자 미소의 법칙' 에서)

근검(勤儉) 두 글자를 유산으로

내가 벼슬하여 너희에게 물려줄 밭뙈기 하나 장만하지 못해, 오직 정신적인 부적 두 자를 물려주려 하니 너무 야박하다 하지 말라. 한 글자는 근(勤)이고 또 한 글자는 검(儉)이다. 이 두 글자는 밭이나 기름진 땅보다도 나은 것이니 일생 동안 써도 다 닳지 않을 것이다.

– 다산 정약용, '내가 살아온 날들'에서

촌철활인 | 한 치의 혀로 사람을 살린다

다산은 윤종억에게 보내는 글에서도 역시 근검勤儉을 강조합니다. "집안을 다스리는 요령으로 새겨둘 글자가 있으니 첫째는 근勤 자요, 둘째는 검儉 자다. 하늘은 게으른 것을 싫어하니 반드시 복을 주지 않으며, 하늘은 사치스러운 것을 싫어하니 반드시 도움을 내리지 않는 것이다."

성장에는 시간이 걸린다

호박과 토마토는 몇 주 만에 자라 며칠, 몇 주 동안 열매가 열리지만, 첫 서리가 내리면 이내 죽어버린다. 반면 나무는 서서히 몇 년, 몇 십 년, 몇 백 년까지 자라고 열매도 수십 년 동안 맺는다. 건강하기만 하면 서리나 태풍, 가뭄에도 끄떡없다.

— 존 맥스웰, '사람은 무엇으로 성장하는가'에서

촌철활인 | 한 치의 혀로 사람을 살린다

빨리 자라면, 빨리 생을 마감하게 되는 것이 자연의 법칙입니다. 인생에서 중요한 일은 대개 예상보다 시간도 많이 걸리고 비용도 많이 듭니다. 일이 생각만큼 잘 안 된다면 천천히 자랄수록 더 튼튼하게 자라는 거라 믿고 낙심하는 대신 기다릴 줄 아는 지혜가 필요합니다.

인생이란 계단의 연속이다

나는 계단의 원리를 좋아한다. 아무리 잘해도 한 계단인데 몸 건강하다고 2, 3계단씩 뛰다 보면 언젠가는 부러지게 된다. 올라갈 때도 한 계단, 내려갈 때도 한 계단이다. 삶에서도 여러 계단을 한꺼번에 오를 수는 없다. 그러면 나중에 열 계단씩 한꺼번에 내려앉을 수도 있다. 자만심 때문이다.

− 최경주(프로골퍼)

랠프 랜섬Ralph Ransom의 이야기를 함께 감상해 보세요. "인생이란 계단의 연속이다. 매사가 원래 더딘 법이다. 한 번에 높은 계단을 오를 수도 있겠지만, 인생은 대부분 낮고 시시해 보이는 계단을 오르는 데 바쳐진다."

복리의 힘, 1,000% 공식

별것 아닌 것처럼 보이지만 매일 0.1%씩 향상시킬 경우 첫 한 주 동안 자기 자신의 성과를 0.5% 향상시킬 수 있다. 매주 0.5%가 4주 동안 축적되면 2%가 향상되고 이는 1년 만에 26%가 향상됨을 뜻한다. 그리고 매년 26%씩 10년 동안 계속한다면 처음 시작에 비해서 무려 1,000%라는 엄청난 성과를 창출할 수 있다.

— 브라이언 트레이시

촌철활인 | 한 치의 혀로 사람을 살린다

한꺼번에 이루기는 어렵지만 조금씩, 그러나 꾸준하게 계속하면 놀라운 성과를 올릴 수 있음을 보여주고 있습니다. 특별한 것을 해야 특별해지는 것이 아니라, 평범한 일이라도 꾸준하게 실천해 나가다 보면 그것이 곧 특별해지는 것입니다.

최소한 10년은 꾸준히 해야 한다

남이 하지 않는 일을 10년 하면 꼭 성공한다. 천재적 재질보다 꾸준한 정진 노력이 성공의 어머니가 된다. 세월 속에 씨를 뿌려라. 그 씨는 쭉정이가 되어서는 안 되고 정성껏 가꿔야만 한다.

— 석주명(일제 암흑기를 빛낸 세계적 나비학자. 선생)

촌철활인 | 한 치의 혀로 사람을 살린다

'10년 법칙'이라는 규칙이 있습니다. 어떤 분야에서건 전문성을 획득하기 위해서는 최소한 10년 이상 부단한 노력과 집중력이 필요하다는 법칙입니다. 성취라는 것은 그것이 어떤 영역이든 '중단 없는 노력'에 의해 이루어집니다. 천재로 알려진 사람 중 상당수는 타고난 천재성이 아니라 우리의 상상을 뛰어넘는 집중과 반복의 산물임을 기억해야 합니다. 꾸준한 반복의 위력은 결코 과소평가 될 수 없습니다. (최인철. '프레임'에서)

작은 데서 큰 것을 생각하는 사람이 크게 이룬다

큰일에는 진지하게 대하지만 작은 일에는 손을 빼는 것이 당연하다고 생각하는 것, 몰락은 언제나 여기에서 시작된다.

– 헤르만 헤세

촌철활인 | 한 치의 혀로 사람을 살린다

노자는 도덕경에서 "천하의 어려운 일은 반드시 쉬운 데서 시작하고, 천하의 큰일은 반드시 미세한 데서 일어난다."라고 가르칩니다. 가장 궂은일, 가장 작은 일을 어떤 자세로 하느냐에 따라 그 사람의 가치가 결정됩니다.

인간관계

인성이 성공을 부른다

연습할수록 인간관계는 좋아진다

인성이
성공을 부른다

거미와 꿀벌의 차이

나는 프랜시스 베이컨의 거미와 꿀벌의 비유를 좋아한다. 그에 따르면,
거미는 자기 힘에 의지해 홀로 일하기 때문에 독밖에 만들어 내지 못한다.
반면 꿀벌은 자연에서부터 가져온 원재료를 가지고 일을 하여 꿀을 만들어
낸다.

– 제임스 다이슨, '계속해서 실패하라'에서

촌철활인 | 한 치의 혀로 사람을 살린다

자신이 잘났다고 생각하고 혼자 다 알아서 할 수 있다고 생각
하는 유능한 사람들은 다른 사람을 신뢰하지 못하고, 타인에 대
한 존중과 배려보다는 비판과 무시로 일관할 수 있습니다. '팀보
다 더 뛰어난 개인은 없다.'는 사실을 아는 사람만이 협력을 통
해 성공할 수 있습니다.

모든 성공은 다른 사람들 덕분이다

모든 성공은 다른 사람들의 도움이 있어야만 가능하다. 자신이 잘해서 성공했다고 자만하는 순간 성장은 멈춘다. 성공하고 싶다면 당신이 이룬 모든 성과는 다른 사람의 덕이라는 사실을 깨달아야 한다. 그러면 예상하지 못한 더 큰 기회를 갖게 될 것이다.

– 요코우치 유이치로(후지겐 창업자), '열정은 운명을 이긴다'에서

촌철활인 | 한 치의 혀로 사람을 살린다

내가 잘해서 성공했다고 생각하면 그것이 마지막 성공일 가능성이 높습니다. 반대로 '남의 도움으로' '운이 좋아서' 성공했다고 생각하면 성공이 지속되고 그 크기가 더욱 커질 것입니다.

인성과 태도는
나의 미래를 말해주는 예언자

태도는 나의 과거를 보여주는 도서관, 나의 현재를 말해주는 대변인, 나의 미래를 말해주는 예언자. 인생이 우리를 대하는 태도는 내가 인생을 대하는 태도에 달려있다. 태도가 결과를 결정한다.

— 존 맥스웰. '매일 읽는 맥스웰 리더십'에서

촌철활인 | 한 치의 혀로 사람을 살린다

포춘 500대 기업 최고경영자 대상 조사에서 94%는 자신의 성공에 가장 크게 기여한 요소가 태도라고 답했습니다. 태도가 우리를 성공으로 이끌 수도, 망하게 할 수도 있습니다. 미래의 성공을 원한다면 지금 성공을 가져다주는 태도로 갈아타야 합니다.

인사하는 것을 가장 먼저 가르친 이유

인사하지 않는다는 것은 상대에 대한 존중이 없다는 것이고, 존중이 없다는 것은 겸손이 없고, 겸손이 없으면 오만하다는 뜻이다. 오만은 자신의 실력을 제대로 모르고 있다는 것이다. 이런 선수들로는 승부 세계에서 살아남을 수 없다. 그래서 제일 먼저 가르친 게 인사하는 것이었다.

– 김성근(야구감독), '나는 김성근이다'에서

촌철활인 | 한 치의 혀로 사람을 살린다

이어지는 김성근 감독의 이야기입니다. "상대가 나에게 예를 갖추고 있다고 생각하면 나 역시 상대에게 함부로 대하지 못하게 된다. 이러면서 존중하는 마음도 생기고, 그 위에 동료애도 쌓이는 것이다. 나는 이런 기본을 중요하게 생각한다. 기본이 되어 있지 않으면 아무리 야구를 잘해도 오래갈 수 없다."

고결한 인격을 지닌 소수가
영원히 성공한다

많은 사람들이 지식을 가지고 잠시 성공한다. 몇몇 사람들이 행동을 가지고 조금 더 오래 성공한다. 소수의 사람들이 인격을 가지고 영원히 성공한다.

– 존 맥스웰, '위대한 영향력'에서

촌철활인 | 한 치의 혀로 사람을 살린다

칭찬, 경청, 존중 등 인간관계 기술은 훈련으로 습득이 가능합니다. 그러나 아무리 뛰어난 인간관계 기술을 사용하더라도 진실성, 정직, 도덕성 등 인격과 성품이 받쳐주지 않는 사람, 겉과 속이 다른 표리부동한 사람은 언젠가는 실패하고 맙니다. 다행스럽게도 인격과 성품도 훈련을 통해 고양이 가능합니다.

천재는 찬사의 대상,
인격은 신봉의 대상

천재성은 감탄을 불러일으키지만 인격은 존경을 불러일으킨다. 천재는 찬사의 대상이지만 인격자는 신봉의 대상이 된다. 하지만 천재성조차도 인격의 동력으로 추동되지 않으면 오히려 삶의 걸림돌이 될 수 있다. 결국 인격이야말로 우리 인생의 가장 고결한 재산이다. 따라서 최고의 인생을 위해서는 내면의 양심에 귀 기울이고 인격을 수양해야 한다.

— 정진홍, '인문의 숲에서 경영을 만나다2'에서

촌철활인 | 한 치의 혀로 사람을 살린다

인격은 재산보다 강하고, 명성을 탐하지 않아도 명예를 가져다주며, 언제 어디서든 영향력을 발휘합니다. 참된 인격은 처음부터 가지고 태어나는 것이 아니라 살아가면서 스스로 닦는 것입니다. 훌륭한 인격을 갖추기 위해서는 끊임없이 훈련하면서 견뎌내고 이겨내야 합니다. 인격을 가꾸는 일은 평생 해야 할 숙제이지만 그만한 투자가치가 충분히 있습니다.

지도자가 될 수 있는 사람

지도자가 될 수 있는 사람은 역경에서도 불만을 품지 않고, 영달을 해도 기뻐하지 않고, 실패해도 좌절하지 않고, 성공을 해도 자만하지 않는다.

— 장자

촌철활인 | 한 치의 혀로 사람을 살린다

지도자가 되는 것은 한마디로 끊임없이 인격을 수양하는 것과 같은 의미입니다. 세계적 석학 피터 드러커도 "리더십은 보통 수준을 초월하여 높은 수준의 인격에 달하게 하는 것이다."라고 지적한 바 있습니다.

자신에게 관대하지 말아라

대부분의 사람이 자신을 판단할 때와 남을 판단할 때, 완전히 다른 이중 잣대를 적용한다. 남을 판단할 때는 그의 '행동'을 기준으로 삼으며, 그 기준은 가혹하기 이를 데 없다. 반면에 자신을 판단할 때는 '의도'를 기준으로 삼는다. 우리가 잘못을 범하더라도, 우리 의도가 훌륭했다면 쉽게 용서한다. 따라서 우리는 변화를 요구받을 때까지 실수와 용서를 반복한다.

— 존 맥스웰, '리더십 골드'에서

촌철활인 | 한 치의 혀로 사람을 살린다

공자는 "소인은 늘 남을 탓하고 군자는 제 잘못을 먼저 생각한다."라고 했습니다. 남을 대할 때는 봄바람처럼, 자신을 대할 때는 가을 서리처럼 하자는 '대인춘풍待人春風 지기추상持己秋霜'을 다시 한번 새겨봅니다.

나 스스로에게 책임을 돌리는 자세

사람을 사랑하되 그가 나를 사랑하지 않거든 나의 사랑에 부족함이 없는가를 살펴보라. 사람을 다스리되 그가 다스림을 받지 않거든 나의 지도에 잘못이 없는가를 살펴보라. 행하여 얻음이 없으면 모든 것에 나 자신을 반성하라. 내가 올바를진대 천하는 모두 나에게 돌아온다.

― 맹자

촌철활인 | 한 치의 혀로 사람을 살린다

무언가 잘못되었을 때 남의 탓을 하게 되면 상대는 책임 회피에 급급하게 됩니다. 둘 사이의 감정의 골은 더 깊어집니다. 문제는 해결되지 않고 결과는 더 나빠집니다. 그러나 신기하게도 모든 책임을 나에게 돌리면 차분해지고 마음의 평화가 찾아옵니다. 상대도 책임을 인정하고 조기에 개선하기 위해 노력합니다. 그들과의 관계도 좋아집니다. 그들도 나를 신뢰하고 따르게 됩니다.

'제가 잘못했어요'라는 한마디 말의 위력

'제가 잘못했어요'라는 한마디는 긍정적인 사람들의 말이다. 이 말은 불편한 인간관계로부터 오는 고통을 사라지게 하고, 협상을 진행시키며, 논쟁을 끝내고, 치유를 시작하고, 심지어 적을 친구로 바꾸는 일을 할 수 있다.

– 리치 디보스(암웨이 창업회장)

촌철활인 | 한 치의 혀로 사람을 살린다

자신의 잘못을 인정하고, 그것을 입 밖에 내는 일은 매우 어렵습니다. 자신의 권위와 신뢰, 자존심에 상처를 입는다고 생각하기 때문입니다. 그러나 '제가 잘못했어요'라는 말이 가져다주는 보상은 매우 큽니다. 건강한 인간관계, 긍정적 시각, 정신적, 육체적 치유효과가 바로 그것입니다. '잘못했다'는 말은 처음에는 어렵지만 할수록 점점 더 쉬워집니다.

신의 경제학

신의 경제학은 아주 간단하다. 자신이 준만큼 받는 것이다. 이는 대가를 바라고 주는 것이 아니라 순수하게 베푸는 것을 말한다. 꼭 물질적인 면뿐만 아니라 우리가 누리는 행복과 사람에 대한 친절 등을 위해서도 이 법칙을 이용하길 바란다. 바로 이것이 우리가 이뤄내야 할 진정한 성공이다.

– 나폴레온 힐, '성공의 법칙'에서

사람들에게 봉사하면, 그들은 나에게 봉사합니다. 남을 행복하게 할 수 있는 사람이 행복을 얻을 수 있습니다. 포드 자동차 창업회장 헨리 포드는 "봉사를 주로 한 사업은 흥하고, 이득을 주로 취하는 사업은 쇠하게 되어있다."라고 주장합니다.

내가 부자가 된 이유

내가 부자가 된 것은 뭐든지 남들보다 두 배 더 한다는 생각으로 열심히 살아온 덕이다. 하지만 돈이라는 건 열심히 한다고 들어오는 게 아니고 운도 따라야 한다. 지금에 와서 보니 그 운이라는 게 내가 베푼 만큼 돌아왔다. 결국 돈을 잘 쓸 줄 아는 사람이 돈을 잘 번다.

– 한창우(일본 마루한 회장)

촌철활인 | 한 치의 혀로 사람을 살린다

남에게 잘 베풀고, 남보다 두 배 더 열심히 일하면 부자가 될 수 있다는 평범한 진리를 말하고 있습니다. 한 회장은 돈을 버는 건 기술이지만 돈을 쓰는 건 예술이라 합니다. 좋은 예술이 영원히 남듯이 돈을 좋은 데 사용하면 그 돈의 가치는 계속 남게 됩니다.

정신 건강과 육체 건강의 비결

항상 남을 이용하려 하고 남의 것을 빼앗으려 하는 사람, 매사에 타산적이고 고립적인 사람은 질병에 잘 걸리고, 일단 병에 걸리면 잘 낫지 않는다. 반면에 믿음과 신념을 가졌고, 이웃을 사랑하며, 남에게 베풀기를 좋아하는 사람은 병에 잘 걸리지도 않고 걸리더라도 치료하기 쉽다.

– 스티븐 로크(하버드 의대 교수)

촌철활인 | 한 치의 혀로 사람을 살린다

믿음, 소망, 사랑은 정신 건강뿐만 아니라 육체적 건강을 위해서도 절대적으로 필요한 덕목입니다. '나를 위한 삶보다는 타인과 사회를 향해 베푸는 것이 건강하고 지혜로운 삶이 된다.'는 자연법칙은 어쩌면 인류와 지구의 영원한 발전을 위한 숨겨진 비결일지 모릅니다.

마더 테레사 효과

의대생들을 봉사 활동에 참여시킨 후 체내 면역 기능을 측정한 결과 면역기능이 크게 증강되었다. 또한 마더 테레사의 전기를 읽게 한 다음 인체 변화를 조사했더니 그것만으로도 생명 능력이 크게 향상되는 것으로 나타났다.

– 하버드 대학 실험결과

촌철활인 | 한 치의 혀로 사람을 살린다

연구진은 이렇게 봉사활동을 하거나 봉사의 모습을 보기만 해도 면역기능이 높아지는 것을 두고 '마더 테레사 효과'라고 이름 붙였습니다. 봉사는 남을 위한 일이지만 봉사를 통해 얻는 기쁨은 결국 나를 위한 것이 됩니다.

오만은 성공의 운을 끊어버린다

오만은 성공의 운을 끊어버린다. 내가 제일 잘났다고 생각해 남의 말을 듣지 않으니 실수를 고칠 수 없다. 더 좋은 해결책이 있어도 받아들일 여지가 사라진다. 그러다 보면 사람들도 내 주위에서 멀어지고, 성공과 행복 모두 잃어버리게 된다. 매일매일 경계하고 뽑아버리지 않으면 잡초처럼 무성해지는 것이 교만이다.

— 이종찬(JC인터내셔널 사장)

촌철활인 | 한 치의 혀로 사람을 살린다

"벼는 익을수록 고개를 숙인다." 어렸을 때부터 귀에 박히도록 들어온 경구입니다. 그런데도 잘되지 않습니다. 공자는 "가난하면서도 원망이 없기는 어렵고, 부유하면서 교만이 없기도 어렵다."라고 했습니다. "복은 근심하고 조심할 때 오고, 화는 기고만장하고 자만할 때 온다."라는 중국 속담을 되새기며 다시 한 번 교만을 경계해 봅니다.

만물은 성하면
반드시 쇠하기 마련이다

득의하였을 때 자신의 능력을 과장하지 말 것이며, 불우하다고 해서 세상을 질투하지 말라. 만물은 성하면 반드시 쇠하게 마련이며, 융성한 성공도 교체가 있게 마련이다.

– 임동석 역주, '석시현문'에서

촌철활인 | 한 치의 혀로 사람을 살린다

하늘의 도는 오만한 자를 일그러지게 하고, 겸손한 자를 도와줍니다.(주역) 달은 차면 기울고, 기울면 차듯이 천지만물의 이치란 돌고 도는 것이며, 평형을 유지하는 것입니다. 인간도 마찬가지입니다. 오만하면 그 지위가 내려가고, 겸손하면 그 지위가 올라가게 됩니다.

꿈은 높은 사람과,
분수는 낮은 사람과 비교하라

남을 원망하지 말고, 자신에게 나쁜 점이 없도록 하라. 뜻과 행동은 위와 비교하고, 분수와 복은 아래와 견주라.

– 이식, '택당집(澤堂集)'에서

촌철활인 | 한 치의 혀로 사람을 살린다

남과 비교하는 삶보다는 자기만의 중심을 굳건히 세우는 것이 건강한 삶의 조건이 됩니다. 굳이 남과 비교하려면, 돈, 건강, 나이 등은 나보다 낮은(조건이 나쁜) 사람들과 비교하고 반대로 포부와 꿈은 나보다 큰 꿈, 큰 뜻을 가지고 사는 사람들과 비교하는 것이 좋습니다.

사람을 잘 쓰는 사람은 겸손하다

하늘의 도는 자만하는 자를 멸하고 겸허한 자를 이롭게 하며, 땅의 도는 자만한 자를 어지럽히고 겸허한 자에게 순응한다. 귀신은 자만한 자를 해치고 겸허한 자에게 복을 내리며, 사람은 자만한 자를 싫어하고 겸허한 자를 좋아한다.

– 주공

촌철활인 | 한 치의 혀로 사람을 살린다

주공은 아들에게 겸손을 가르치며 이렇게 말합니다. "나는 현명한 선비를 맞이할 때 머리를 감고 세 번이나 정갈하게 고쳐 묶은 뒤 달려가 맞았으며, 밥을 먹다가도 세 번이나 숟가락을 내려놓고 나가 공손하게 머리를 숙였다. 이렇게 하면서도 혹시 현명한 선비를 소홀히 대하지는 않았는가 걱정했다. 천하를 가진 천자라도 겸손하지 않으면 천하를 잃고 망하기 마련이다."

하늘은 겸손한 자를 도와준다

겸손하게 의견을 말하면 상대는 곧 납득을 하고 반대하는 사람도 줄어든다. 그리고 내 잘못을 정직하게 인정하면 내 옳은 생각에 대해 상대방이 박수를 보내준다. 늘 자기 의견만 정당하다고 고집하지 마라.

— 벤자민 프랭클린

촌철활인 | 한 치의 혀로 사람을 살린다

겸손은 남이 시기해 진로를 방해하지 않도록 미리 지뢰를 제거해주는 효과가 있습니다. 주역에는 "하늘의 도는 자만하는 자를 멸하고 겸허한 자를 이롭게 하며, 땅의 도는 자만한 자를 어지럽히고 겸허한 자에게 순응한다."라는 내용이 실려 있습니다. 탈무드에는 "총명한 사람이 자만하는 순간 지혜는 그 사람을 떠난다."라는 내용이 있습니다.

시련이 운명을 결정한다

누구나 커다란 시련을 당하기 전에는 진정으로 참다운 인간이 못된다. 그 시련이야말로 자기가 존재하는 것을 인식하고, 동시에 자신의 위치를 결정하고 규정하는 계기가 된다. 즉 그의 운명이나 지위가 이때 결정된다. 따라서 커다란 시련을 겪기 전에는 누구나 어린아이에 지나지 않는다.

– 레오파르디

촌철활인 | 한 치의 혀로 사람을 살린다

삶은 고해苦海입니다. 이것은 이 세상에서 가장 위대한 진리 중 하나입니다. 진정으로 삶이 힘들다는 것을 알게 되면 삶은 더 이상 힘들지 않게 됩니다. 일단 받아들이게 되면 삶이 힘들다는 사실은 더 이상 문제가 되지 않기 때문입니다.(M. 스캇 펙. '아직도 가야할 길'에서)

인간은 뛰어넘은 역경의 숫자만큼 강해진다

인간은 뛰어넘은 역경의 숫자만큼 강해진다. 그 숫자가 많으면 많을수록, 어떠한 상황에서도 지지 않는 강한 사람이 된다. 그러니까 인생에서 성공하는 사람이 된다는 것은 역경을 많이 극복한다는 것과 같은 뜻이기도 하다.

— 기타가와 야스시, '편지가게'에서

촌철활인 | 한 치의 혀로 사람을 살린다

성공한 사람들은 한결같이 말합니다. "역경이 나를 키웠다." 세계적 소프라노 조수미 역시 같은 이야기를 합니다. "유학 초기에 너무나 어렵고 외로웠지만 그 시절이 저를 강하고 단단하게 만들었어요. 아픔을 모르는 사람은 절대 좋은 음악을 할 수 없어요. 요즘 젊은 연주자들에게 이 얘기를 꼭 해주고 싶어요."

실패를 통해 더 크게 성장하는 법

성공은 그릇이 가득 차는 것이고, 실패는 그릇을 쏟는 것이다. 그러나 한 편으로 생각하면 성공은 가득히 넘치는 물을 즐기는 도취임에 반하여, 실패는 빈 그릇 자체에 대한 냉철한 성찰이다. 성공에 의해서는 대개 그 지위가 커지고, 실패에 의해서는 자주 그 사람이 커진다는 역설을 믿고 싶다.

– 신영복, '처음처럼'에서

촌철활인 | 한 치의 혀로 사람을 살린다

인간은 실패를 통해서 성장하는 동물이지만, 비슷한 실패를 반복해서는 성장할 수 없습니다. 트위터 본사에는 "내일은 더 좋은 실수를 하자let's make better mistake."라는 문구가 걸려 있습니다. 실패에서 제대로 배워야 한다는 의미와 더불어서 실패를 두려워하지 않고 끝없이 새로운 도전을 해야 앞으로 나아갈 수 있다는 뜻으로 해석됩니다.

연습할수록
인간관계는 좋아진다

혼자 하려 하지 말라

우드로 윌슨 미국 대통령은 "자기 자신의 두뇌뿐 아니라 빌려 쓸 수 있는 두뇌까지 모두 사용해야 한다."라고 말했다. 왜 두뇌만 빌리는가? 손도 마음도 모두 빌려라. 린든 존슨 대통령은 이 사실을 알고 있었다. "모두가 힘을 합쳐 해결하지 못할 문제는 없다. 그러나 혼자서 해결할 수 있는 일은 거의 없다."

– 존 맥스웰, '매일 읽는 맥스웰 리더십'에서

"유능한 인재 뒤에는 다른 유능한 인재 여럿이 있다."는 중국 속담이 있습니다. 모든 것을 혼자 하려고 하는 사람에겐 이미 게임은 끝난 것이나 다름없습니다. 뭔가 큰일을 도모한다면 반드시 다른 사람들과 함께해야 합니다. 위대한 일은 결코 혼자 힘으로는 이룰 수 없습니다.

관계자산(relation capital)을 키워가라

가난함이란 지금까지는 '갖지' 못한 것을 의미했으나, 가까운 장래에는 '소속되지' 못한 것이 될 것이다. 미래에는 첫째가는 자산이 네트워크의 소속이 될 것이다. 이것은 '주도적으로 성취해가는 삶'을 살아갈 수 있는 우선적 조건이 될 것이다.

– 자크 아탈리

촌철활인 | 한 치의 혀로 사람을 살린다

11년간 프랑스 미테랑 대통령 보좌관을 지낸 자크 아탈리는, 미래의 대안사회를 '인간적인 길'이라고 명명합니다. 그는 특히 미래사회에서의 '인간관계성 자산'에 주목하고 있습니다. 개인의 권력과 부는 물질적 재산이나 생산수단에 한정되지 않고, 건강, 지식, 다른 사람과 맺고 있는 관계, 자신이 소속된 네트워크와 소통하게 해 주는 언어로 말미암아 풍요롭게 된다고 주장합니다.

세상은 거울이다

세상은 거울이다. 거울은 내가 하는 대로 한다. 세상도 마찬가지다. 내가 웃으면 거울도 웃고, 내가 칭찬을 하면 거울도 칭찬을 한다. 내가 세상을 도우면 세상도 나를 도와준다. 반대로 내가 다른 사람을 비난하면 세상도, 다른 사람도 나를 비난한다.

– 민계식(전 현대중공업 회장)

촌철활인 | 한 치의 혀로 사람을 살린다

내가 칭찬받고 싶으면 먼저 칭찬하고, 도움받고 싶으면 먼저 도와주고, 인사받고 싶으면 먼저 인사하면 됩니다. 우리는 남을 변화시킬 수는 없습니다. 나 스스로만을 바꿀 수 있습니다. 그러나 나를 바꿈으로써 남을 바꿀 수 있고, 세상을 바꿀 수 있습니다.

좋은 친구를 얻는 최고의 방법

분명히 누구나 친구를 원하겠지만 인생에서 친구를 찾아 나서면 친구는 드물다. 그러나 친구가 되겠다고 나서면 어디에나 친구가 있다. 당신은 아무도 바꿀 필요가 없다. 당신이 바뀌어 올바른 사람이 되면 다른 사람들이 당신에게 끌린다.

– 지그 지글러

촌철활인 | 한 치의 혀로 사람을 살린다

관심을 얻지 않으면 사람들의 마음을 움직이고 그들을 리드할 수 없습니다. 그런데 관심을 얻기 위해서는 먼저 상대방의 관심사에 깊은 관심을 보여야 합니다. 남이 당신에게 관심을 갖도록 노력하는 2년보다 당신이 다른 사람에게 관심을 갖는 두 달 동안, 당신은 훨씬 더 많은 친구를 사귈 수 있습니다.(데일 카네기)

사람은 누구나 이기적이다

사람은 누구나 다른 사람보다는 자기 자신에게 더 관심이 많다. 사람은 누구나 다른 사람들로부터 존경과 인정을 받고 싶어 한다. 좋은 인간관계를 유지하고 싶다면 이 3가지 사실을 확실히 기억하라.

– 레스 기블린

촌철활인 | 한 치의 혀로 사람을 살린다

이 세 가지 진리를 바꿀 수 있는 사람은 이 세상에 없습니다. 누구를 만나든 만나기 전에 이 세 가지 진리를 되새기며 호흡을 가다듬는 습관을 들여 보십시오. 그러면 어떤 사람을 만나든 반드시 원하는 것을 얻게 될 것이고, 그 사람과 좋은 인간관계를 유지할 수 있을 것입니다.

상대방이 좋아하는 사람 되기

사람은 누구나 자기 말이 옳다고 얘기해 주는 이들에게는 호감을 갖는다. 사람은 누구나 자기 말에 토를 달거나 동의하지 않는 이들은 싫어한다. 사람은 누구나 자기 말에 대해 좋은 반응이 없을 때는 기분이 나빠진다.

– 레스 기블린

촌철활인 | 한 치의 혀로 사람을 살린다

상대는 당신보다는 자신의 일과 소망, 그리고 문제에 더 많은 관심을 갖고 있습니다. 중국에선 백만 명이 굶어 죽는 대기근이 일어나도, 자신의 치통에 더 중요한 의미를 둡니다. 목에 생긴 종기가 아프리카 지진보다 더 큰 관심사인 것입니다. 다른 사람과 이야기할 때에는 이 점을 생각해야 합니다. (데일 카네기)

내가 싫은 것은 남에게 하지 말라

다른 사람들이 당신에게 했던 일 중 싫어했던 일을 생각해 보시고 그걸 남에게 되풀이하지 않도록 주의하세요. 대신 기분이 좋았던 일을 기억했다가 다른 사람들에게 실천해 보세요.

– 디 혹(Dee Hock)

사람이 따르는 사람들은 자신보다 상대방에게 초점을 맞춥니다. 그들은 항상 상대방에 대해 질문하고 상대의 말에 귀를 기울입니다. 그들은 자신에게 관심이 집중되는 것을 원치 않습니다.

먼저 원하는 것을 주어라

내가 여러분에게 줄 수 있는 교훈이 하나 있다면 바로 그것이다. 무언가가 부족하거나 필요하다고 느낄 때마다 먼저 원하는 것을 주어라. 그러면 그것이 푸짐하게 돌아올 것이다. 이것은 돈과 미소, 사랑, 그리고 우정에 대해서도 같다.

— 로버트 기요사키, '부자 아빠 가난한 아빠'에서

촌철활인 | 한 치의 혀로 사람을 살린다

고사성어는 많은 것을 가르쳐 줍니다. "남을 이롭게 함으로써 내가 이롭게 된다."라는 자리이타自利利他라는 불교용어와 "먼저 의리(신뢰)를 추구하고 이익은 그 다음에 추구하라."라는 선의후리先義後利를 통해 많은 것을 배웠습니다. 큰 것을 얻기 위해서는 늘 먼저 주어야 합니다.

타인의 마음을 얻는 방법

타인의 마음을 이해하는 일에는 요령이 있다. 누구를 대하든 자신이 아랫사람이 되는 것이다. 그러면 저절로 자세가 겸손해지고, 이로써 상대에게 좋은 인상을 안겨준다. 그리고 상대는 마음을 연다.

– 괴테, '괴테의 말'에서

촌철활인 | 한 치의 혀로 사람을 살린다

'이해하다'는 뜻의 영어단어에 바로 그런 뜻이 내포되어 있습니다. 즉 타인의 밑Under에 서야Stand 진정으로 그 사람을 이해Understand할 수 있다는 것입니다. 늘 역지사지易地思之하고 Under Stand하는 자세만으로도 타인의 마음을 훔칠 수 있으리라 생각해 봅니다.

웨이터 법칙을 명심하라

신사를 알아보는 방법은 많지만 절대로 실패하지 않는 방법이 한 가지 있다. "아랫사람들을 어떻게 대하는가? 아녀자들에게 어떤 행동을 보이는가? 고용주는 직원을, 스승은 제자를, 장교는 부하를, 즉 자기보다 약한 사람을 어떻게 대하는가?" 하는 것이다.

— 웰링턴

촌철활인 | 한 치의 혀로 사람을 살린다

식당종업원에게 험하게 대하는 사람은 절대로 비즈니스 파트너로 고르지 말라는 '웨이터의 법칙'이 있습니다. 상대방에 따라 태도가 달라지는 사람과는 가급적 비즈니스를 하지 말라는 것입니다. 자신보다 약하고 못 배우고 가난한 사람을 함부로 대해도 된다는 자세와 어디서나 감정을 표출하는 무절제는 미성숙의 고백입니다.

차이를 사랑하는 것이
진정한 사랑이다

사랑이란 자신과 다른 방식으로 느끼며 다르게 살아가는 사람을 이해하고 기뻐하는 것이다. 자신과 닮은 사람을 사랑하는 것이 아니라 자신하고 대립하여 살고 있는 사람과 기쁨의 다리를 건너는 것이 사랑이다. 차이를 부정하는 것이 아니라 그 차이를 사랑하는 것이다.

– '니체의 말'에서

촌철활인 | 한 치의 혀로 사람을 살린다

"가장 가까운 사람들 사이에도 무수한 차이가 있다는 사실을 깨닫는다면 훨씬 더 황홀한 삶이 전개될 것이다. 상호간의 차이와 거리를 사랑할 수 있다면 상대방의 전부를 바라볼 수 있을 것이다." 릴케의 글입니다. 어디선가 읽은 "생각이 완전히 일치한다면 둘 중 한 명은 필요 없다."라는 글도 생각납니다. 차이는 미움이 아니라 사랑의 대상입니다.

듣기 싫은 소리를 하면 보너스를 주라

듣기 싫은 소리를 하는 사람에게 보너스를 듬뿍 주어라. 당신이 하는 투자 중에서 가장 현명한 투자가 될 수도 있다.

— 로버트 맥매스, 'What were they thinking?'에서

촌철활인 | 한 치의 혀로 사람을 살린다

중국 속담에 "면전에서 비판할 수 있는 친구를 가진 선비는 절대 명성을 잃지 않는다."라는 말이 있습니다. 순자 수신편에 나오는 경구도 함께 살펴보세요. "잘못을 지적해 주는 자는 나의 스승이다. 옳은 일을 지적해 주는 자는 나의 친구이다. 나에게 아첨하는 자는 나의 적이다."

날카로운 칼보다 무서운 것

말은 생각한 다음에 하고, 사람들이 듣기 싫어하기 전에 그만두어야 한다. 인간이 언어를 가지고 있기 때문에 다른 동물보다 특별하지만 그 언어 때문에 커다란 손해를 본다.

– 톨스토이

촌철활인 | 한 치의 혀로 사람을 살린다

날카로운 칼로 벤 상처는 그래도 꿰매어 낫게 할 수 있지만, 악한 말로 남을 상처 나게 한 것은 그 한이 사라지지 않습니다. (석시현문)

말이란 마치 날이 시퍼렇게 선 칼 같은 것이므로 자기를 다치게 하는 일이 많다는 것을 잊어서는 안 됩니다. 당나귀는 긴 귀를 보고 알 수 있고 어리석은 사람은 긴 혀를 보고 알 수 있습니다. (탈무드)

혀에게 재주를 가르치는 것은 매우 어렵다

사람을 이롭게 하는 말은 따뜻하기가 솜과 같고, 사람을 상하게 하는 말은 날카롭기가 가시 같아서, 한마디 말이 사람을 이롭게 함은 소중하기가 천금 같고, 한마디 말이 사람을 속상하게 함은 아프기가 칼에 베이는 것과 같다.

– 명심보감

촌철활인 | 한 치의 혀로 사람을 살린다

"혀에게 재주를 가르치는 것은 어렵다. '말을 너무 많이 하지 마라.' '비밀을 지켜라.' '혀를 움직이기 전에 잠시 생각해 보아라.' 하는 말을 항상 혀에게 가르쳐도 혀는 어느새 그것을 잊고 만다. 그것은 혀에게 뼈가 없기 때문이다." 탈무드에 나오는 이야기입니다.

남의 험담을 하지 마라

남을 헐뜯는 소문을 내는 건 살인보다 위험하다. 살인은 한 사람만 죽이지만 중상모략은 퍼뜨리는 사람, 듣는 사람, 그 화제가 되고 있는 사람, 세 사람을 죽이기 때문이다. 나쁜 소문을 내는 사람은 무기를 사용해 사람을 해치는 것보다 죄가 무겁다. 나쁜 소문은 멀리서도 사람을 해칠 수 있기 때문이다.

– 탈무드

촌철활인 | 한 치의 혀로 사람을 살린다

그것이 좋지 않다는 교육을 받아왔음에도 불구하고 나쁜 소문을 퍼트리는 것을 멈추지 못하고 있는 것이 우리의 현실입니다. 악마의 유혹 같은 달콤한 험담의 유혹을 경계하는 의미에서 벤자민 프랭클린의 이야기를 함께 새겨보세요. "성공의 비결은 남의 험담을 결코 하지 않고 장점을 들춰내는 데 있다."

어리석은 사람도 남의 잘못을 찾는 눈은 정확하다

비록 어리석은 사람이라도, 남을 꾸짖는 마음은 명확하다. 비록 총명한 사람이라도, 자신을 용서하는 데 있어서는 어둡고 혼미하다. 남을 꾸짖는 그 명확한 마음으로 나를 꾸짖어라. 나를 용서하는 그 관대한 마음으로 남을 용서하라! 그러면 성인의 경지에 이르게 됨이 명확할 것이다.

– 명심보감

촌철활인 | 한 치의 혀로 사람을 살린다

아무리 어리석은 사람이라도 남의 잘못을 찾는 눈은 정확하다고 합니다. 자신의 잘못이나 결점에 대해서는 늘 관대하고 남의 잘못은 정확하게 집어낸다는 것입니다. 남을 꾸짖는 엄격한 마음(책인지심: 責人之心)과 자신의 잘못에 대하여 관대하게 용서하는 마음(서기지심: 恕己之心)이 서로 자리를 바꾸어 발휘될 때 세상은 더욱 아름다워질 것입니다.

친구를 얻고 싶은가
적을 만들고 싶은가

적을 만들기 원한다면 내가 그들보다 잘났다는 사실을 증명하면 된다.
그러나 친구를 얻고 싶다면 그가 나보다 뛰어나다고 느끼게 해주어라.

– 라로슈푸코(La Rochefoucauld, 프랑스 작가)

촌철활인 | 한 치의 혀로 사람을 살린다

더 평화스럽고 더 사랑받는 삶을 위한 놀랍고도 진정한 전략
은 다른 사람들로 하여금 자신이 옳다는 생각을 기분 좋게 유지
하도록 두는 것입니다. 그 영광을 그들로부터 빼앗지 마세요.
그 생각이 잘못되었다고 바로 잡으려고 해서는 절대로 안 됩니
다.(리차드 칼슨)

어느 누구도 칭찬 없이
살아갈 수 없다

누구나 살아가다 보면 최고의 순간을 맞이한다. 그 순간은 바로 누군가에게 격려를 받을 때이다. 아무리 위대하고, 유명하고, 성공했다 할지라도 누구나 찬사에 굶주려 있다. 격려는 영혼에 주는 산소와 같다. 격려 받지 못하는 사람에겐 훌륭한 일을 해내리라고 기대할 수 없다. 어느 누구도 칭찬 없이 살아갈 수 없다.

– 조지 매튜 애덤스(소설가)

촌철활인 | 한 치의 혀로 사람을 살린다

사람은 누구나 칭찬을 먹고 삽니다. 반복적인 운동이 근육을 발달시키듯 일상적인 칭찬은 사람들의 자질과 인성을 강화시킵니다. 마음만 먹으면 모든 것이 칭찬의 대상이 될 수 있습니다. 칭찬거리를 찾는 걸로 하루를 시작해 보십시오.

상대방을 칭찬해 주고 인정해 줘라

자수성가한 100명의 백만장자들을 조사한 결과 한 가지 공통점을 발견할 수 있었다. 이들은 한결같이 사람들의 좋은 점만을 본다는 사실이다.

– 자크 위즐

촌철활인 | 한 치의 혀로 사람을 살린다

관련된 좋은 글을 함께 감상해보세요. "나는 아버지로부터 수많은 칭찬과 인정을 받았는데, 단 한 번도 지겹거나 신물이 난 적이 없다."(톰 피터스) "인정받기보다 비판을 받을 때 일을 더 잘하거나, 더 열심히 노력하는 사람은 본 적이 없다."(찰스 슈왑) "지나치게 인정받아서 고민이 된다는 사람은 한 명도 만나지 못했다."(도널드 클리프턴)

격려가 인생의 절정기를 만든다

촌철활인 | 한 치의 혀로 사람을 살린다

격려를 받는 사람은 그렇지 않은 사람보다 고통을 훨씬 더 오래 참는다는 실험 결과가 있습니다. 격려를 받은 사람은 불가능에 도전하고 커다란 역경을 극복할 수 있습니다. 작가 조지 애덤스는 "누구의 인생이든 절정기가 있게 마련이고, 그 절정기의 대부분은 누군가의 격려를 통해 찾아온다."라며, 격려를 '영혼의 산소'라 칭했습니다.

행복한 세상을 만드는 간단한 방법

이제 우리는 아주 쉽게 이 세상의 행복수치를 증가시킬 수 있다. 어떻게 그렇게 할 수 있냐고? 외롭거나 용기를 잃은 누군가에게 진심으로 존중하는 몇 마디의 말을 건네는 것, 그것으로 충분하다. 오늘 누군가에게 무심코 건넨 친절한 말을 당신은 내일이면 잊어버릴지도 모른다. 하지만 그 말을 들은 사람은 일생 동안 그것을 소중하게 기억할 것이다.

— 데일 카네기

촌철활인 | 한 치의 혀로 사람을 살린다

이 세상을 바꾸는 것, 다른 사람의 마음을 사는 일이 꼭 그렇게 거창하고 어려운 일이 아닐 수도 있음을 말해주고 있습니다. 진심으로 사람을 존중하고 남을 배려하는 마음을 갖는 것, 그리고 그것을 실천하는 작은 노력들만으로도 이 세상은 살기 좋은 곳, 행복한 세상으로 바뀌게 됩니다.

친절이 모든 문제를 해결해 준다

단테의 '신곡'을 강의하면서 나는 학생들에게 단테에 대해 가르치는 것보다 친절한 사람이 되도록 가르치는 것이 중요하다는 사실을 깨달았다. 학생들이 아무리 단테를 잘 배운다 해도 밖에 나가서 버스에 탄 할머니들에게 불친절하게 대하면 나는 선생으로서 실패했다고 느끼게 될 것이다.

– 포르니(P. M. Forni, 존스홉킨스 대학 교수)

촌철활인 | 한 치의 혀로 사람을 살린다

영국 소설가 헨리 제임스Henry James는 "사람의 삶에서 중요한 세 가지가 있다. 첫째는 친절이고, 둘째와 셋째도 친절이다."라고 말했습니다. 플라톤 역시 "친절해라. 우리가 만나는 사람은 모두 힘든 싸움을 하고 있다."라며 만나는 모든 사람에게 친절하게 대할 것을 강조했습니다. 친절함이라는 작은 행동은 '사소함이 만드는 위대한 성공 법칙'이라는 놀라운 결과를 안겨줄 것입니다.

웃는 얼굴은 남을 행복하게 만든다

매력적으로 아름답게 웃는 얼굴은 상대방에게 호감을 줄 뿐만 아니라 상대의 마음까지 행복하게 만든다. 그 행복이 몇 배로 불어나서 다시 돌아와 내 운명을 바꾸어 놓기도 한다. 그것이 바로 웃음의 힘이다.

– 정연아, '성공하는 사람에겐 표정이 있다'에서

촌철활인 | 한 치의 혀로 사람을 살린다

비용이 들지 않으면서도 효과가 큰 방법들이 많이 있습니다. 미소와 칭찬, 존중과 배려 같은 것들이 바로 그러한 것들입니다. 누구나 조금만 신경을 쓴다면 돈을 안 들이고도 사람을 움직일 수 있는 방법을 수백 개는 찾아낼 수 있습니다.

용서는 당신을 치료한다

용서는 당신을 다시 삶의 운전석에 앉게 해준다. 용서는 당신에게 상처를 준 사람에게 당신이 넘겨준 당신 삶의 통제권을 다시 가져오게 한다. 용서는 과거가 당신의 현재를 지배하지 않도록 가르친다. 그리고 무엇보다도 용서는 당신을 치료한다.

– 딕 티비츠, '용서의 기술'에서

촌철활인 | 한 치의 혀로 사람을 살린다

복수심에 불타는 사람은 먼저 두 개의 무덤을 파야한다는 이야기가 있습니다. 증오와 분노로 가득 찬, 남을 용서하지 못하는 마음의 상태는 스트레스를 유발하고 건강을 해치기 때문입니다. 남을 용서하는 것은 결국 자기 자신을 위한 이기적인 행위라 할 수 있습니다. 용서는 내 삶과 행복을 남에게 맡기지 않고 스스로 책임지겠다고 선언하는 일이기도 합니다.

세상을 바꿀 수 있는 두 가지 말

어머니는 세상을 바꿀 수 있는 큰 힘이 있는데도 사람들이 좀처럼 쓰지 않는 두 가지 말에 대해 이야기해 주셨다. 그것은 바로 '고맙습니다'와 '미안합니다'라는 말이다.

— 켄 블렌차드, '리더의 심장'에서

촌철활인 | 한 치의 혀로 사람을 살린다

미국에서 가장 돈 되는 말은 'I am sorry(미안합니다)'라는 조사 결과가 발표된 적이 있습니다. 여론조사 전문기관 조그비 인터내셔널이 7천 590명을 대상으로 조사한 결과 연봉 10만 달러 이상 고소득자가 연간 2만5천 달러 이하 빈곤층보다 2배 정도 사과를 많이 하는 것으로 드러났습니다. 몸에 좋은 것을 섭취하고, 몸에 좋은 운동을 하듯이 몸에 좋은 말을 하는 습관을 들이기 위한 노력도 필요합니다.

감사가 먼저 선행되어야 한다

인생에는 드러나지 않는 위계질서가 있는데, 우리가 가진 것에 대한 감사가 언제나 우리가 갈망하는 것에 대한 획득보다 선행해야 한다는 것이다. 감사는 늘 먼저 오며, 감사는 언제나 오늘, 바로 지금, 완벽하지 않은 우리의 삶 속에서 시작된다.

– 존 키호, '행복연습'에서

촌철활인 | 한 치의 혀로 사람을 살린다

'감사합니다'라는 말 한마디에 닫혔던 마음이 열립니다. '감사합니다'라는 말의 수익률은 무한대라는 말이 있습니다. 감옥이라도 감사를 하면 수도원이 된다는 말도 있습니다. 언어습관에서 가장 중요한 것은 '감사합니다'라는 말입니다. 감사의 분량이 곧 행복의 분량입니다.

타인의 은혜에 감사하라

은혜를 모르는 것은 근본적인 결함이다. 그렇기에 은혜를 모르는 사람은, 삶이라는 영역에서 무능한 자라고 할 수 있다. 타인의 은혜에 감사할 줄 아는 마음, 그것은 건실한 인간의 첫 번째 조건인 것이다.

– 괴테

촌철활인 | 한 치의 혀로 사람을 살린다

"네가 가지고 있는 것들에 감사하는 법을 배울 때까지 네가 원하는 것을 얻지 못할 것이다." 감사편지 프로젝트를 시작한 존 코랠릭 판사가 어려서 할아버지로부터 들은 말씀입니다. 윌리엄 제임스는 이렇게 갈파했습니다. "감사를 아는 사람은 다른 사람의 유익을 위해 산다. 더 중요한 것은 이런 철학을 가지고 사는 사람은 저도 모르게 발전하게 된다."

손해 본 일은 모래 위에, 은혜는 대리석에 새겨라

내가 남에게 베푼 공은 마음에 새겨서는 안 되지만, 내가 남에게 한 잘못은 마음에 새겨 두어야 한다. 남이 내게 베풀어준 은혜는 잊어서는 안 되지만, 남이 내게 원한을 맺게 한 일은 잊어야 한다.

— 채근담

촌철활인 | 한 치의 혀로 사람을 살린다

세상을 제대로 살아가는 이치는 동서고금을 떠나 일맥상통하다는 느낌을 자주 받습니다. 위 글을 보면서 "손해를 본 일은 모래 위에 기록하고, 은혜를 입은 일은 대리석 위에 기록하라."라는 벤저민 프랭클린의 글을 떠올려 보았습니다.

조영탁의 행복한 경영이야기
청소년 편

5

리더로
성장하기

나는 이미 리더이다

나는 이미
리더이다

비전이 있는 행동

실행이 없는 비전은 꿈에 불과하며, 비전이 없는 실행은 시간만 보내게 한다. 비전이 있는 행동은 세상을 바꿀 수 있다.

— 졸 바커(Jeol Barker)

촌철활인 | 한 치의 혀로 사람을 살린다

비전이 있으나 실행력이 약한 사람은 몽상가dreamer, 실행력은 있으나 비전이 없는 사람은 맹목적 실행자doer, 비전도 없고 실행력도 없는 사람은 방관자uninvoled에 불과합니다.(이승주. '전략적 리더십'에서) 비전의 중요성은 더 이상 강조할 필요가 없습니다. 다만 비전수립, 공유, 그리고 실행이 결합되어야만 제 기능을 다할 수 있음을 명심해야 합니다.

큰일을 기획하면 큰 인물들이 따른다

만일 당신이 큰일을 시도하게 되면 큰 인물들이 따를 것입니다. 만일 당신이 작은 일을 하면 작은 인물들이 따르겠지요. 보통 작은 인물들이 말썽을 일으킨답니다.

– 프랑스 고위 관리가 윈스턴 처칠에게 한 말

촌철활인 | 한 치의 혀로 사람을 살린다

모든 일은 자신이 가진 비전의 크기에 따라 달라진다는 교훈을 주는 이야기입니다. 작가 헨리 드러먼드는 "자기가 할 수 있는 일보다 큰일을 시도하지 않으면 그 사람은 자신이 해낼 수 있는 일들도 결코 다하지 못한다."라고 자신의 가능성에 제한을 두지 말라고 이야기합니다.

큰일은 이해득실을 배제하고 의사 결정하라

작고 사소한 일은 '이익'이라는 기준으로 옳고 그름을 가르면 된다. 하지만 중요한 일은 단순한 이해득실로 의사결정을 내려서는 안 된다. 크고 중요한 일은 이해관계를 떠나 '무엇이 올바른가?'라는 기준으로 결정을 내려야 한다. 이 기준에 따라서 극단적으로 말해 회사가 망해도 괜찮고, 개인이 죽어도 괜찮다. 그만큼 올바른 일을 하는 것이 큰일이라고 생각한다.

– 마스시타 고노스케

촌철활인 | 한 치의 혀로 사람을 살린다

미우라 아야코의 글을 함께 살펴보세요. "어떻게 해야 좋을지 모를 때에는 자신에게 손해가 되는 쪽을 선택하는 게 낫다. 자신에게 득이 되는 일과 마주치면 인간은 시험받게 된다. 득봤다고 기뻐하다 보면 잘못된 생각을 하게 된다. 인간은 이익 앞에서 눈이 어두워지는 법이다."

가장 나쁜 것은
아무 결정도 하지 않는 것이다

어떤 결정을 내려야 할 때 가장 좋은 것은 올바른 결정이고, 다음으로 좋은 것은 잘못된 결정이며, 가장 나쁜 것은 아무 결정도 하지 않는 것이다.

– 로저 엔리코

촌철활인 | 한 치의 혀로 사람을 살린다

실수 없는 최고의 결정을 내리려다 결정적 순간을 놓치는 경우가 많습니다. 의사결정에 있어 가장 중요한 것은 타이밍입니다. 많은 경우 잘못된 판단을 하는 것보다 타이밍을 놓치는 것이 훨씬 나쁜 결과를 초래합니다. 요즘처럼 환경이 급격하게 변하는 때에는 70% 확신이 서면 결정하고 실행에 옮기는 것이 좋다고 말해집니다.

성공하는 사람, 실패하는 사람

우유부단이야말로 성공을 가로막는 최대의 적이다. 성공하는 사람들은 신속한 결단력의 소유자이며, 부를 축적하는 데 실패한 사람들은 예외 없이 결단이 매우 느리다.

– 나폴레온 힐

촌철활인 | 한 치의 혀로 사람을 살린다

충분한 정보는 결단을 내리는 데 필요한 요소입니다. 그러나 모든 것을 알기 전에는 어떤 행동도 취하지 않겠다는 태도로는 리더가 될 수 없습니다. "경솔한 결단보다도, 결단을 내리지 못하는 것이 더 문제"라는 말을 새겨볼 필요가 있습니다. 직관과 신념에 비추어 과감하게 내리는 리더의 결단이 곧 조직의 성패를 좌우합니다.

마음을 훔치는 리더

타고난 재능, 지식, 많은 학식, 이런 것들은 성공을 보장해주지 않는다. 대신 남이 원하는 것을 포착하는 감각과 그것을 주려는 의지가 필요하다. 원하는 것을 찾아 최선을 다해 그것을 충족시켜 준다면 그러한 배려를 고맙게 생각하지 않을 사람이 어디 있겠는가?

– 루터(Martin Luther)

촌철활인 | 한 치의 혀로 사람을 살린다

"자기 자신을 이끌려면 당신의 머리를 사용하고, 다른 사람을 이끌려면 당신의 가슴을 사용하라."라는 격언이 있습니다. 가장 훌륭한 성과를 거두는 사람은 가장 뛰어난 독불장군이 아닙니다. 오히려 동료의 두뇌와 재능을 최대한 활용하는 사람입니다.(알톤 존스(석유회사 CITGO 회장))

솔선수범에는 충성심으로 보답한다

부하를 단속하려면 먼저 자기 행실을 올바르게 가져야 한다. 자신이 올바르게 행동하면 엄명을 내리지 않아도 지시대로 들을 것이요. 자신이 부정한 행동을 하면 아무리 엄명을 내려도 듣지 않을 것이다.

– 다산 정약용

촌철활인 | 한 치의 혀로 사람을 살린다

일본 자동차용품 판매업체 옐로햇의 가기야마 히데사부로 창업자는 매일 아침 사내 청소를 하는 것으로 일과를 시작합니다. 처음엔 본체만체 하던 사원들 중에 청소를 시작한 지 10년이 지나 몇몇이 동참하고, 20년이 지나자 전원이 동참하게 되었다고 합니다. 강요로 시작된 일은 오래가지 않습니다. 리더가 솔선수범하면 추종자들은 끝없는 충성심으로 보답합니다.

성공은 남에게 책임은 나에게 돌린다

좋은 리더는 책임질 때는 자기 몫 이상을 지고, 공을 세웠을 때는 자기 몫 이상을 다른 사람에게 돌린다.

– 아놀드 글래스노(Arnold Glasnow)

촌철활인 | 한 치의 혀로 사람을 살린다

러시아 속담에 "성공은 아버지가 많지만 실패는 고아다."라는 말이 있습니다. 보통 사람들은 성공은 자기의 공으로, 실패는 타인에게 돌리는 것이 일반적입니다. 오히려 그렇기 때문에 다른 사람의 마음을 사는 것이 의외로 쉬운 일이 될 수도 있습니다. '책임은 나에게, 성공의 공은 타인에게' 돌리는 것이 바로 그것입니다.

부하직원의 마음을 휘어잡는 단 한마디의 말

엘리트 관료집단의 본산인 대장성에서는 노골적인 불만이 표출되었다. 다나카는 1분도 안 되는 취임사 한마디로 우려와 불만을 일거에 해소했다 "여러분은 천하가 알아주는 수재들이고, 나는 초등학교밖에 나오지 못한 사람입니다. 더구나 대장성 일에 대해서는 깜깜합니다. 따라서 대장성 일은 여러분들이 하십시오. 나는 책임만 지겠습니다."

– '리더십 에센스'에서

촌철활인 | 한 치의 혀로 사람을 살린다

대장성 직원 모두를 리더로 인정해주는 순간, 그들의 마음의 문이 활짝 열렸습니다. 겸손, 상대에 대한 존중, 그리고 스스로 책임을 지는 자세, 진정한 리더의 모습을 보는 것 같습니다.

사과는 패자의 변명이 아닌 리더의 언어다

사과는 모든 희망과 바람, 또 불안함의 가면을 벗겨낸다. 사과할 때 인간은 가장 인간다워지고 일상생활에서 쓰고 있던 가면을 벗고 진실한 얼굴을 하게 된다. 사과는 더 이상 약자나 패자의 변명이 아니라 '리더의 언어'로 바뀌어야 한다. 사과란 단지 잘못을 시인하고 용서를 구하는 행위 이상의 가치를 지녔다.

– 존 케이더(John Kador)

촌철활인 | 한 치의 혀로 사람을 살린다

'제 잘못입니다.'라는 말 한마디가 다른 사람의 마음을 열어줍니다. 책임질 줄 아는 사람, 신뢰할 수 있는 사람으로 인식되게 합니다. 사과는 인간관계를 돈독하게 해줍니다. 사과는 다른 어떤 언어로도 대체할 수 없는 마법의 힘을 가졌습니다.

인간의 몸에서 가장 강한 근육

인간의 근육 중 가장 강한 것은 바로 혀이다. 혀는 한 사람을 단번에 무너뜨릴 수 있다. 그 몸집이나 힘이 어느 정도가 되든 상관없다. 또한 그것은 별로 힘을 들이지 않고도 누군가를 거뜬히 들어 올릴 수도 있고, 몇 천, 몇 만 명의 사람들을 통째로 무너뜨릴 수도 있다.

– 팻 크로스, '선택의 힘'에서

촌철활인 | 한 치의 혀로 사람을 살린다

리 아이아코카 크라이슬러 전 회장은 "당신에게 빛나는 아이디어가 있을 수도 있다. 그러나 그것을 널리 알릴 수 없다면, 그것들은 당신을 어디로도 데려가 주지 못한다."라고 말했습니다. 그렇습니다. 인간의 육체 중에서 가장 강한 근육은 바로 혀입니다. 사람이 지닌 최고의 도구는 바로 자신의 언어이기 때문입니다.

진정한 영웅은

진정한 영웅은 수단과 방법을 가리지 않고서라도 다른 모든 이들을 능가하려는 것이 아니라 어떤 희생을 치르더라도 다른 사람에게 봉사하려는 모습을 갖는다.

– 리더스 다이제스트

촌철활인 | 한 치의 혀로 사람을 살린다

리더십이란 타인에게 바림직한 영향력을 행사하여 의도하는 바를 이루는 과정입니다. 지위를 과시하고 권력을 행사한다 해서 바람직한 영향력이 생기지는 않습니다. 오히려 봉사와 책임, 올바른 인격과 품성, 솔선수범과 언행일치 등 (권리보다는) 의무를 다함으로써 신뢰에서 비롯된 영향력을 얻을 수 있습니다.

리더가 된다는 봉사를 선택하는 것

리더가 되기로 선택했을 때 우리는 다른 사람들을 위해 봉사하기로 선택한 것이다. 리더가 된다는 것은 다른 사람들로부터 무언가를 얻는 것이 아니라 다른 사람들이 우리들로부터 무언가를 얻는 것이다.

— 제임스 쿠제스 & 베리 포스너(James M. Kouzes and Barry Z. Posner, 교수)

촌철활인 | 한 치의 혀로 사람을 살린다

사람들이 리더를 기억하는 것은 그가 그 자신을 위해 한 일 때문이 아니라 다른 사람들을 위해 한 일 때문입니다. 리더의 지위가 올라갈수록 커지는 것은 권한이 아니라 책임감이라는 것을 제대로 인식하는 것, 그것 하나만으로도 당신의 리더십은 크게 신장될 수 있습니다.

다른 사람을 최고로 만드는 사람이 최고의 리더

리더는 다른 사람을 최우선시 함으로써 맨 앞에 설 자격을 얻는다. 다른 사람을 자극하는 것이 리더의 주된 임무이다. 다른 사람들이 최고가 되지 않고서는 리더 역시 최고가 될 수 없다.

— 켄 제닝스 & 존슈탈 베르트

촌철활인 | 한 치의 혀로 사람을 살린다

자기보다도 다른 사람이 먼저 잘되게 하는 것이 좋은 리더입니다. 더 좋은 리더는 다른 사람을 행복하게 만들고, 그것에 더 큰 기쁨과 행복을 얻는 사람입니다. 그러면 저절로 따르는 사람들이 많아지게 됩니다. 따르는 이가 많을수록 더 낮은 자리로 내려갈 줄 아는 리더가 참 리더입니다.

내 잘못을 말하는 자가
나의 스승이다

나를 꾸짖으며 대해주는 사람은 나의 스승이고, 나를 올바로 대해주는 사람은 나의 벗이며, 나에게 아첨하는 자는 나의 적이다.

– 순자(荀子), '수신(修身)'에서

촌철활인 | 한 치의 혀로 사람을 살린다

조선 중기 문인 김성일도 "내 잘못을 말하는 자가 내 스승이고 나를 좋게 말하는 자가 내 적이다."라고 말했습니다. 달콤한 말은 당장은 꿀맛 같지만 우리의 내면을 병들게 합니다. 반면 진심으로 충고해주는 고언(苦言) 즉, 쓴소리는 당장에는 아프지만 나를 성장케 합니다. (박수일·송원찬, '새기고 싶은 명문장'에서)

남의 비판을 기꺼이 수용하는 사람이 큰 그릇으로 자랍니다.

조 영 탁 의 행 복 한 경 영 이 야 기
청소년 편

평생학습

학습하는 즐거움을 누리자

학습하는 즐거움을
누리자

리더와 독서

내가 살던 마을의 작은 공립 도서관이 오늘의 나를 만들었다. 나는 오늘
날까지 아무리 바빠도 매일 한 시간씩, 주말에는 두세 시간씩 책을 읽는다.

- 빌 게이츠

촌철활인 | 한 치의 혀로 사람을 살린다

리더와 독서는 떼려야 뗄 수 없는 관계입니다.(존. F. 케네디 대
통령) 책을 읽는다고 모두 지도자가 되는 것은 아니지만, 모든 리
더는 책벌레임에 틀림없습니다.(해리 트루먼 대통령) 리더는 평생
여러 방법을 통해 배우는 것을 멈추지 않습니다. 그중에서도 인
류의 모든 지혜가 녹아있는 책은 동서고금을 통틀어 최고의 스
승입니다.

우리는 우리가 읽은 것으로 만들어진다

그가 지금 무슨 책을 읽고 있는가를 보면 그를 알 수 있다. 3년 후, 10년 후 어떤 사람이 될지는 어떤 책을 읽느냐가 중요한 요소로 결정될 것이다. 우리는 우리가 읽은 것으로 만들어진다.

— 마더 말러

촌철활인 | 한 치의 혀로 사람을 살린다

"오늘 배우지 아니하고 내일이 있다고 말하지 말며, 올해 배우지 아니하고 내년이 있다고 말하지 말라." 주자의 가르침입니다. 사회학자 벤저민 바버는 "나는 세상을 강자와 약자, 성공과 실패로 나누지 않는다. 나는 세상을 배우는 자와 배우지 않는 자로 나눈다."라고 말합니다. 독서와 끝없는 학습, 이것이 동서고금을 통해 강조되어온 성공의 첩경임을 알 수 있습니다.

내 인생을 바꿀 한 권의 책을 만나자

두 가지에서 영향 받지 않는다면 우리 인생은 5년이 지나도 지금과 똑같을 것이다. 그 두 가지란 우리가 만나는 사람과 우리가 읽는 책이다.

– 찰스 존스(동기부여 연설가, 작가)

촌철활인 | 한 치의 혀로 사람을 살린다

"한 시간이 주어지면 책을 읽고 한 달이 주어지면 친구를 사귀어라."라는 말이 있습니다. 좋은 사람을 만나면 인생이 바뀌게 됩니다. 책은 짧은 시간 안에 과거와 현재, 시공을 뛰어넘어 훌륭한 사람들을 만나게 해주는 최상의 도구입니다. 유명 작가 디팩 초프는 책이 사람을 변화시키는 위력을 발휘하는 이유로 "멈춰 서서 돌아볼 기회를 준다."라는 점을 꼽았습니다. '좋은 사람을 만나고' '멈춰서 돌아보면서' 우리는 조금씩 성장합니다.

기적은 훈련이 만든다

인생에는 두 가지 고통이 있다. 하나는 훈련의 고통이고, 또 하나는 후회의 고통이다. 훈련의 고통은 가볍지만 후회의 고통은 무겁다. 기적은 훈련이 만든다. 2차 세계 대전 당시 롬멜 장군은 "사령관이나 군대가 병사에게 해줄 수 있는 가장 큰 복지는 훈련이다."라고 말했다.

– 한근태, '나는 어떤 리더인가'에서

촌철활인 | 한 치의 혀로 사람을 살린다

탁월함은 훈련과 습관이 만들어낸 작품입니다. 위대한 사람은 많은 사람들이 밤에 단잠을 잘 적에 일어나서 괴로움을 이기고 일에 몰두했던 사람들입니다. 끝없는 훈련을 통해 매주 1%씩 개선한다면 5년 안에 14배라는 경이로운 향상 효과를 얻을 수 있습니다.

젊어서 배우지 않으면

일생의 계획은 젊은 시절에 달려 있고, 일 년의 계획은 봄에 있고, 하루의 계획은 아침에 달려 있다. 젊어서 배우지 않으면 늙어서 아는 것이 없고, 봄에 밭을 갈지 않으면 가을에 바랄 것이 없으며, 아침에 일어나지 않으면 아무 한 일이 없게 된다.

– 공자

일본 유학자 사토 잇사이는 "젊어서 배우면 어른이 되어 훌륭한 일을 할 수 있다. 어른이 되어서 배우면 늙어서 보잘 것 없이 쇠하지 않는다. 늙어서 배우면 썩지 않는다."라고 평생학습의 중요성을 강조했습니다. 배우기에 너무 늦은 시간은 없습니다.

내가 배움을 멈추지 않는 이유

이미 알고 있는 지식이 차지하는 부분을 원이라고 한다면 원 밖은 모르는 부분이 됩니다. 원이 커지면 원의 둘레도 점점 늘어나 접촉할 수 있는 미지의 부분이 더 많아지게 됩니다. 지금 저의 원은 여러분들 것보다 커서 제가 접촉한 미지의 부분이 여러분보다 더 많습니다. 모르는 게 더 많다고 할 수 있지요. 이런데 어찌 게으름을 피울 수 있겠습니까?

— 앨버트 아인슈타인(박사)

촌철활인 | 한 치의 혀로 사람을 살린다

아인슈타인 박사가 어느 날 한 학생으로부터 "선생님은 이미 그렇게 해박한 지식을 가지고 계신데 어째서 배움을 멈추지 않으십니까?"라는 질문을 받고 답한 내용입니다. 조금 안다고 생각하는 사람들, 즉 유식한 사람들은 그 아는 것으로 승부하려는 경향이 있습니다. 아인슈타인은 왜 배울수록 더 공부를 해야 하는지에 대한 뼈 있는 가르침을 우리에게 주고 있습니다.

언제 배움을 멈출 것인가

"카잘스 선생님, 당신은 이미 세상에서 가장 위대한 첼리스트로 인정받고 있습니다. 그런데 95세 나이임에도 아직까지 하루에 여섯 시간씩 연습하는 이유가 무엇입니까?" 스페인 태생으로 첼로의 성자(聖子)로 불렸던 파블로 카잘스에게 젊은 신문기자가 물었다. 그는 머뭇거리지 않고 이렇게 대답했다. "왜냐하면 내 연주 실력이 아직도 조금씩 향상되고 있기 때문이오."

– 현대인재개발원, '체어퍼슨 뉴스레터'에서

촌철활인 | 한 치의 혀로 사람을 살린다

많은 예술가들이 "하루 연습하지 않으면 자기가 알고, 이틀 연습하지 않으면 동료가 알고, 사흘 연습하지 않으면 청중이 안다."라는 각오로 연습에 열중합니다. 일찍이 이병철 회장 삼성 창업회장도 "사람은 늙어서 죽는 것이 아니다. 스스로 닦아 나가기를 멈출 때 죽음이 시작되는 것"이라고 말한 바 있습니다.

질문이 정답보다 중요하다

만약 곧 죽을 상황에 처했고, 목숨을 구할 방법을 단 1시간 안에 찾아야만 한다면, 1시간 중 55분은 올바른 질문을 찾는 데 사용하겠다. 올바른 질문을 찾고 나면 정답을 찾는 데는 5분도 걸리지 않을 것이다.

– 알버트 아인슈타인

촌철활인 | 한 치의 혀로 사람을 살린다

우리는 질문하지 않는 세상에서 질문하지 않는 사람들과 살아가는 데 익숙해져 있습니다. 질문이 비전을 만들어냅니다. 질문이 방향을 결정합니다. 질문이 탐구와 창조를 가져옵니다. 가장 중요한 것은 질문을 멈추지 않는 것입니다.

끝없이 '왜'라고 물어라

이치를 따질 때에는 반드시 깊이 생각하고 힘써 탐구하여야 한다. 의심할 것이 더 이상 없는 곳에서 의심을 일으키고, 의심을 일으킨 곳에서 또다시 의심을 일으켜 더 이상 의심할 것이 없는 완전한 지경에 바짝 다가서야 비로소 시원스럽게 깨달았다고 말할 수 있다.

– 정조대왕, '정조 치세어록'에서

촌철활인 | 한 치의 혀로 사람을 살린다

도요타 자동차도, 삼성 이건희 회장도 다음과 같이 다섯 번을 '왜'라고 물으라고 강조합니다. "첫째, 왜 그런가? 둘째, 이 정도로 괜찮은가? 셋째, 무언가 빠뜨린 것은 없는가? 넷째, 당연하게 생각하는 것들이 정말 당연한 것인가? 다섯째, 좀 더 좋은 다른 방법은 없는가?"

배우는 자의 3가지 병통

　배우는 사람에게 큰 병통 세 가지가 있지. 첫째, 기억이 빠른 점이다. 척척 외우는 사람은 아무래도 공부를 건성건성 하는 폐단이 있단다. 둘째, 글짓기가 날랜 점이다. 날래게 글을 지으면 아무래도 글이 가벼워지는 폐단이 있단다. 셋째, 이해가 빠른 점이다. 이해가 빨라 의문을 제기하지 않고 쏙쏙 받아들이면 아무래도 앎이 거칠게 되는 폐단이 있단다. 넌 그것이 없지 않느냐?

– 다산 정약용, '풀어쓰는 다산 이야기'에서

촌철활인 | 한 치의 혀로 사람을 살린다

　다산 선생께서 귀양지에서 열다섯 시골 소년에게 하신 말씀입니다. "네가 스스로 둔하다고 하는데, 둔한데도 열심히 천착(穿鑿)하면 어떻게 될까? 계속 열심히 뚫어 구멍을 내면 큰 구멍이 뻥 뚫리고, 꽉 막혔던 것이 한 번 뚫리게 되면 그 흐름이 왕성해지고, 거친데도 꾸준히 연마하면 그 빛이 윤택하게 된단다." 학문의 왕도는 뜻을 세우고, 끝까지 노력을 경주하는 데 있다는 가르침을 주는 훌륭한 말씀입니다.

너무 많이 아는 것을 경계하라

자신이 무언가를 안다고 생각하는 것은 자신의 눈을 멀게 하는 확실한 방법이다. 배움의 속도가 서서히 느려지는 것은 우리가 성장했기 때문이 아니라 '아는 것들'이 점점 쌓여가기 때문이다.

— 프랭크 허버트, '변화를 이끄는 자 리더'에서

촌철활인 | 한 치의 혀로 사람을 살린다

지식사회에선 이미 보유한 지식보다는, 배울 수 있는 능력과 배우고자 하는 의지가 경쟁력의 척도가 됩니다. 호기심, 유연성 등도 키워드가 됩니다. "물리학자들은 더 이상 자라서는 안 되고 계속해서 호기심을 가져야 한다. 너무 많이 알면 이미 너무 많이 자란 것이다."라는 아인슈타인의 말에서 '많이 아는 것을 경계할 줄 아는 지혜'를 배웁니다.

끝없이 배워도 부족하다

지식은 보잘것없으면서 스스로 다 안다고 말하는 자는 반드시 크게 부족한 사람이다. 지난날 다 알지 못하던 것을 깨닫고 나면 반드시 오늘 내가 아는 것이 다 아는 것이 아님을 문득 깨닫게 된다. 스스로 다 안다고 말하는 사람은 오래도록 지식에 진전이 없었던 사람이다.

– 조선 후기 홍길주, '수여연필(睡餘演筆)'에서

촌철활인 | 한 치의 혀로 사람을 살린다

다산 정약용 선생은 "가득차면 반드시 망하고 겸허하면 반드시 존경받는다. 스스로 높다고 여기면 남이 끌어내리고 스스로 낮다고 여기면 남들이 끌어 올려준다."라고 겸손의 중요성을 강조한 바 있습니다.

모든 경험에서 배운다

등산의 기쁨은 정상에 올랐을 때 가장 크다. 그러나 나의 최상의 기쁨은 험악한 산을 기어 올라가는 순간에 있다. 길이 험하면 험할수록 가슴이 뛴다. 인생에 있어 모든 고난이 자취를 감췄을 때를 생각해보라! 그 이상 삭막한 것이 없으리라.

— 니체, '니체는 나체다'에서

촌철활인 | 한 치의 혀로 사람을 살린다

김은주 님의 '1cm'라는 책에 나오는 좋은 글을 함께 감상해보세요. "삶을 돌아보게 하는 것은 죽음이고, 웃음을 값지게 하는 것은 눈물이고, 사랑을 성숙하게 만드는 것은 이별이다. 삶에는 어느 것 하나 버릴 것이 없다. 모든 경험은 인생에 관한 수업이다."

내가 성공한 정확한 이유

나는 선수 시절에 9천 번 이상의 슛을 놓쳤다. 거의 3백 번의 경기에서 졌다. 경기를 승리로 이끌라는 특별임무를 부여 받고도 실패한 적이 26번 있었다. 그리고 나는 인생에서 거듭 실패를 계속해 왔다. 이것이 정확히 내가 성공한 이유다.

– 마이클 조던(농구 황제)

누구나 언제든 배워야 합니다. 그래야 경쟁력을 가질 수 있습니다. 잘 배우지 못하는 사람들은 실수를 인정하지 않으려는 공통점을 가지고 있습니다. 자신의 실수를 솔직히 인정하는 것에서 새로운 배움과 발전이 시작됩니다. 실패의 경험을 성공의 밑거름으로 만들어야 합니다.

실수한 후에야 제대로 배울 수 있다

사람들은 실패를 두려워한다. 이는 매우 당연한 반응이지만 또한 매우 이상한 것이기도 하다. 왜냐하면 무언가를 성공시키는 방법을 배우려면 실수를 거쳐야 하기 때문이다. 악기를 배워 연주하게 되는 과정을 생각해보라. 아기가 걷는 방법을 알아내는 과정을 지켜보라. 어린아이가 말을 어떻게 배우는지 보라. 걷기, 말하기, 음악 연주 같은 기술들은 (종종 아주 웃긴) 무수한 실수들을 거쳐 서서히 점차적으로 완성된다.

– 리차드 브랜슨, '비지니스 발가벗기기'에서

촌철활인 | 한 치의 허로 사람을 살린다

배움이란 실수를 저지르고 그것으로부터 터득하는 것입니다. 몇 가지 잘못을 범하지 않는다면, 분명 아무것도 배우지 못하거나 크게 성취하지 못할 것입니다. 그런 점에서 애당초 시도하지 않는 것이 진짜 실패요, 시도도 하지 않고 노력도 하지 않는 사람들이 진짜 실패자입니다.

조영탁의 행복한 경영이야기
청소년 편

실행, 모험, 도전

바로 바로 실행하는 습관을 들이자

불확실성, 모험과 도전을 즐기자

바로 바로
실행하는 습관을 들이자

실행이 전부다

실행이 곧 전부다. 이것이 나의 지론이다. 아이디어는 과제 극복의 5%에
불과하다. 아이디어의 좋고 나쁨은 어떻게 실행하느냐에 따라 결정된다고
해도 과언이 아니다.

– 카를로스 곤(르노자동차 회장)

아이디어의 좋고 나쁨이 성과 차이를 불러온다는 것은 분명
사실입니다. 그러나 똑같이 좋은 아이디어라도 실행을 하느냐
못하느냐에 따라 그 성과는 천차만별이 됩니다. 그래서 생각하
는 대로 실행할 수 있는 사람이 경쟁력을 갖게 됩니다.

아는 것을 실천해야 힘이다

철학자 프랜시스 베이컨은 다음과 같이 말했다. "아는 것이 힘이다." 옳은 말이다. 그러나 이 문장을 완벽하게 만들려면 단어 하나를 더 넣어야 한다. "아는 것을 실천해야 힘이다."

– 김쌍수(한전사장), '5%는 불가능해도 30%는 가능하다'에서

촌철활인 | 한 치의 혀로 사람을 살린다

알고 있지만 실천하지 않는 사람들을 자주 보게 됩니다. 모두 다 성공하지 못하는 사람들입니다. 생각만으로 이뤄지는 일은 없기 때문입니다. 성공한 사람들은 '아이디어는 단순해도 용기, 배짱, 자기 확신 하에 실패를 두려워하지 않고 실천하는 사람들'입니다. '아는 것'이 아닌 '하는 것'이 힘입니다.

꿈을 이루는 아주 간단한 방법

나는 꿈이 없고 비전이 없는 남자는 쓸모없다고 생각해왔지만, 만일 자신의 꿈과 비전을 조금이라도 실현하기 위해 자기 행동을 바꾸는 실제적인 노력이 없다면 그 역시 쓸모없는 인물이다.

– 시어도어 루스벨트(전 미국 대통령)

촌철활인 | 한 치의 혀로 사람을 살린다

수많은 사람들이 다이어트를 꿈꾸지만 대부분은 실패합니다. 방법을 몰라서 실패하는 경우는 많지 않습니다. 비전과 꿈도 마찬가지입니다. 결심하면 그대로 달려가는 사람과 온갖 핑계거리를 만들어 내는 사람, 실행에 따라 그 결과가 달라집니다. 승자와 패자를 분리하는 단 한 가지는 승자는 실행하는 사람이라는 점입니다.

가슴으로 느끼고
손으로 적어 발로 뛰는 게 꿈이다

나는 15살이던 어느 날 에베레스트 등정, 남태평양 횡단, 세계 일주, 달 탐험 같은 127개의 목표를 글로 적었다. 1980년, 나는 우주 비행사가 되어 달에 감으로써 127개의 목표를 전부 이루었다.

— 존 고다드(탐험가)

촌철활인 | 한 치의 혀로 사람을 살린다

127개의 '나의 인생 목표'를 작성한지 40년 만에 존 고다드는 127개의 꿈을 다 이루었습니다. 그가 미래의 주인공인 어린이들에게 말합니다. "꿈을 이루는 가장 좋은 방법은 목표를 세우고, 그 꿈을 향해 모든 것을 집중하는 거야. 그렇게 하면 단지 희망사항이었던 것이 '꿈의 목록'으로 바뀌고, 다시 그것이 '해야만 하는 일의 목록'으로 바뀌고, 마침내 '이루어 낸 목록'으로 바뀐단다. 꿈을 가지고 있기만 해서는 안 돼. 꿈은 머리로 생각하는 것이 아니란다. 얘야, 가슴으로 느끼고 손으로 적어 발로 뛰는 게 꿈이지."

낮에 꿈을 꾸는 사람은 위험하다

모두 꿈을 꾸지만 같은 꿈이 아니다. 밤이 되어 먼지 쌓인 후미진 곳에서 잠들어 마음을 쉬는 자들은 깨어난 뒤 그 헛됨을 깨닫는다. 그러나 낮에 꿈을 꾸는 사람은 위험한 자들이다. 그들은 눈을 뜨고 그 꿈을 이루려 행동하기 때문이다.

─ T. E. 로렌스

촌철활인 | 한 치의 혀로 사람을 살린다

미래는 꿈꾸는 자의 것입니다. 그러나 실행이 없는 꿈과 비전은 망상에 불과합니다. 무조건적인 실행 또한 헛된 노력으로 귀착될 가능성이 높습니다. 꿈과 희망은 매일매일의 자그마한 실행으로 뒷받침되어야만 비로소 놀라운 결과를 창출할 수 있습니다.

성공이 우리에게 다가오는 법

한 가지 뜻을 세우고 그 길로 걸어가라! 잘못도 있으리라! 실패도 있으리라! 그러나 다시 일어나서 앞으로 나아가라! 반드시 빛이 그대를 맞이할 것이다!

— 칸트

달로 가는 로켓은 항로를 이탈해 있는 시간이 무려 전체의 90%라고 합니다. 끊임없이 실패와 교정을 반복하면서 달에 이르는 것입니다. 우리 인생도 마찬가지입니다. 반드시 성공하겠다는 꿈과 의지를 가지고 모든 에너지를 한 곳에 집중시키면 언젠가는 반드시 성공하게 되어 있습니다.

결정과 실행사이의 간격은 좁을수록 좋다

모든 성공한 사람들을 묶어주는 공통점은 결정과 실행 사이의 간격을 아주 좁게 유지하는 능력이다. 미룬 일은 포기해 버린 일이나 마찬가지다.

– 피터 드러커

촌철활인 | 한 치의 혀로 사람을 살린다

노르웨이 격언에 "좋은 계획에서 좋은 행동으로 가는 길처럼 먼 것은 아무것도 없다."라는 말이 있습니다. 이태리 격언에도 역시 "말과 행동 사이에는 바다가 있다."라는 말이 있을 정도로 결정을 재빨리 실행에 옮기기는 쉽지 않습니다. 무리하게 실행되는 좋은 계획이 다음 주에 실행되는 완벽한 계획보다 나은 경우가 많습니다.(조지 패튼 장군)

오늘은 '승자'들의 단어, 내일은 '패자'들의 단어다

삶에서 가장 파괴적인 단어는 내일이라는 단어다. 내일이란 단어를 자주 사용하는 사람들은 가난하고 불행하고 실패한다. 이런 사람들은 종종 내일부터 투자하겠다고 말한다. 또는 내일부터 운동과 살 빼기를 시작하겠다고 말한다. 오늘은 '승자'들의 단어이고, 내일은 '패자'들의 단어다. 당신의 인생을 바꿀 수 있는 말은 '오늘'이라는 단어다.

— 로버트 기요사키

촌철활인 | 한 치의 혀로 사람을 살린다

내일 하겠다는 말, 다음 주, 다음 달, 내년에 시작하겠다는 말은 하지 않겠다는 말과 유사한 결과를 가져옵니다. '천천히 하자' '내일 하자'라고 미루는 마음이야말로 자신도 모르게 자신을 가장 무능한 사람으로 만들어버립니다. 승자와 패자를 구분하는 가장 큰 잣대는 승자는 실행한다는 점입니다. 꿈은 행동하는 자의 것입니다.

서글픈 인생을 대표하는 세 마디의 말

실패가 두려워서 새로운 시도를 거부해서는 안 된다. 서글픈 인생은 '할 수 있었는데', '할 뻔 했는데', '해야 했는데'라는 세 마디로 요약된다.

– 루이스 분

촌철활인 | 한 치의 혀로 사람을 살린다

시인 존 그린리프 휘티어는 "입이나 펜에서 나오는 말 중 가장 슬픈 것은 '그럴 수 있었는데'라고 말합니다." 우리는 실패한 것보다는 하지 않은 것에 대해 더 많이 후회합니다. 생의 마지막 순간에 삶을 되돌아보면서 '좀 더 많은 것을 행동에 옮겼더라면…'이라고 후회하는 수많은 사람 중에 하나가 되지 않기 위해서라도 과감하게 도전하는 삶을 살아가야 합니다.

20년 후에 후회하지 않으려면

앞으로 20년 후에 당신은 저지른 일보다는 저지르지 않은 일에 더 실망하게 될 것이다. 그러니 밧줄을 풀고 안전한 항구를 벗어나 항해를 떠나라. 돛에 무역풍을 가득 담고 탐험하고, 꿈꾸며, 발견하라.

– 마크 트웨인

촌철활인 | 한 치의 혀로 사람을 살린다

미래는 현재 내가 하는 행동에 따라 결정됩니다. 꿈꾸는 것도 중요하지만 꿈을 실행에 옮기는 것은 더 중요합니다. 20년 후에는 하지 않은 일 때문에 후회할 거라는 것을 잘 알면서도 오늘의 나를 버리지 못해 새로운 항해를 못한다는 것은 안타까운 일입니다. 위대함을 꿈꾼다면 일단 시작부터 해야 합니다.

몸에 밴 습관이 인생을 좌우한다

원래 습관의 족쇄란 너무도 가벼워 느낌조차 없다가도, 시간이 흐를수록 점점 무거워져 결국에는 다리를 절단 내고 만다. 내 나이쯤 되면 습관을 바꾼다는 것 자체가 거의 불가능해진다. 이미 습관의 노예가 되어버린 것이다. 오늘 당장 좋은 습관을 택해 실천하겠다고 다짐하면 여러분은 머지않아 그 습관을 자신의 것으로 만들 수 있다.

– 워렌 버핏, '대학생과의 대화'에서

촌철활인 | 한 치의 혀로 사람을 살린다

자기계발 분야 대가 브라이언 트레이시도, "습관은 처음 시작할 때 보이지도 않는 가는 실과 같다. 그러나 습관을 반복할 때마다 실은 굵어지며, 우리의 생각과 행동을 꼼짝없이 묶는 거대한 밧줄이 될 때까지 한 가닥씩 보태진다."라고 동일한 메시지를 전하고 있습니다. 행동과 습관은 복리複利로 계산되므로 시간이 흐름에 따라 차이가 증폭됩니다. 성공과 실패는 '무시할 만한 자그마한 습관'에 좌우되는 경우가 많습니다.

습관을 정복한 자가 정상에 오른다

습관이 가진 위대한 힘의 진가를 알아야 한다. 그리고 습관을 창조하는 것이 훈련이라는 사실을 이해해야 한다. 자신의 미래를 깨뜨릴 습관을 미리 깨뜨려야 한다. 그리고 성공을 쟁취하는 데 도움이 될 습관을 길러야 한다. 그러기 위해서는 필요한 훈련을 받아들여야 한다.

– 폴 게티

촌철활인 | 한 치의 혀로 사람을 살린다

아리스토텔레스는 "우리가 반복적으로 하는 일이 결국 우리 자신이 된다. 따라서 탁월함은 행동이 아니라 습관이다."라고 습관의 중요성을 강조합니다. 우리가 생각하고, 느끼고 행동하고 성취하는 모든 것의 95%가 습관의 결과라는 조사도 있습니다. 오늘의 습관이 10년 후의 나를 만듭니다. 올바른 습관을 창조하는 것은 세포가 기억할 수 있을 정도의 훈련뿐입니다.

좋은 습관의 노예가 되어라

진실로 실패한 사람과 성공한 사람의 차이는 단지 그들의 습관에 있다. 좋은 습관은 모든 성공의 열쇠이다. 나쁜 습관은 실패로 가는 문이다. 그러므로 무엇보다 우리가 지켜야 할 제1법칙은 좋은 습관을 만들어 좋은 습관의 노예가 되는 것이다.

— 오그 만디노, '이 세상에서 가장 위대한 세일즈맨의 비밀'에서

촌철활인 | 한 치의 혀로 사람을 살린다

성격도 기본적으로 습관의 합(合)입니다. 습관적인 행동이 바로 성격이 됩니다. 그리고 습관이 우리의 미래를 결정합니다. 좋은 습관은 좋은 결과를 낳는 반면, 나쁜 습관은 나쁜 결과를 낳게 됩니다.

바이올린 현을 느슨하게 풀어놓는 이유

　　바이올린을 보관할 때는 현을 느슨하게 풀어 놓는다. 줄을 맞춰 놓은 채 그대로 두면 다음에 바이올린을 꺼내 쓸 때 조금 편리할 수는 있다. 그러나 정확한 음을 유지하려면 내일은 좀 더 조여야 하고, 그 다음날에는 조금 더 조여야 한다. 현을 풀어 놓지 않으면 결국 얼마 지나지 않아 끊어질 것이다. 휴식이 중요한 이유는 바로 여기에 있다.

– 우종민(교수), '뒤집는 힘'에서

촌철활인 | 한 치의 혀로 사람을 살린다

　　창의력이 경쟁력인 시대에는 무조건 오랫동안 일을 한다고 해서 좋은 성과가 나오리라는 보장이 없습니다. 정신적인 피로는 늘 하던 생각밖에 못하게 만드는 역발상과 창조성의 적입니다. 충분히 쉬어야 결정적 순간에 힘을 발휘하고 창의적인 아이디어가 나옵니다. 인풋input보다는 아웃풋out put 중심의 사고로 전환하는 것이 필요합니다.

재충전의 중요성

나는 발상의 벽에 부딪칠 때면, 해변이나 강가로 나가 낚싯줄을 드리운다. 파도와 바람 그리고 햇볕으로부터 아이디어를 낚을 수 있기 때문이다.

– 토마스 에디슨

촌철활인 | 한 치의 혀로 사람을 살린다

신기하게도 일에 집중할 때보다는 혼자서 조용히 산책을 할 때 번뜩이는 아이디어가 떠오르는 경험을 많이 하게 됩니다. 가장 게으를 때 가장 창의적으로 바뀌는 일종의 아이러니입니다. 황망함 속에서도 꿀맛 같은 휴식 시간을 챙길 수 있는 사람이 그래서 현명한 사람입니다.

불확실성,
모험과 도전을 즐기자

모든 기회는 불확실함에 숨어있다

모든 기회는 불확실함에 숨어있다. 많은 사람들이 확실한 것을 찾지만 확실하게 보이는 것에는 이미 기회가 없다. 불확실성을 즐기는 것이야말로 바로 창의적인 사람의 특징이다. 혁신적인 아이디어의 탄생에서 주목할 점은 그 아이디어가 처음 제시될 때는 누구도 그 아이디어에 대해 쉽게 찬성하지 않는다는 것이다.

— 박종하, '틀을 깨라'에서

촌철활인 | 한 치의 혀로 사람을 살린다

위험 없이 이익을 얻는 것, 위험 없이 경험하는 것, 일하지 않고 보상받는 것은 우리가 태어나지 않고 사는 것만큼이나 불가능한 것입니다.(A. P. 구티) 만약 아무것도 도전하지 않는다면 실패는 피할 수 있을 것입니다. 그러나 그런 삶은 이미 저문 해와 같습니다.

모험을 거부하는 것은
곧 삶을 거부하는 것

자연계에 안전한 상태란 존재하지 않는다. 눈앞에 닥친 위험을 피했다고 해서 영원히 안전한 것은 아니다. 모험을 거부하는 것은 곧 삶을 거부하는 것이다.

– 헬렌 켈러

촌철활인 | 한 치의 혀로 사람을 살린다

배는 항구에 있을 때 가장 안전합니다. 그러나 배는 안전을 위해 만들어진 것이 아니라 항해를 위해 만들어진 겁니다. 사람도 마찬가지입니다. 위험을 감수하지 않으면 지금 있는 자리에 영원히 머물 수밖에 없습니다. 그것은 내가 이 아름다운 세상에 태어난 목적과는 완전히 어긋나는 것입니다.

행동에 따르는 위험,
안락함에 따르는 위험

행동에는 위험과 대가가 따른다. 그러나 이때의 위험과 대가는 안락한 나태함으로 인해 생길 수 있는 장기적 위험보다는 훨씬 정도가 약하다.

– 존 F. 케네디(전 미국 대통령)

촌철활인 | 한 치의 혀로 사람을 살린다

　1961년 케네디 대통령은 "60년대 말까지 달에 사람을 보내고 그를 지구로 무사히 귀환시킬 것이다."라고 선언했습니다. 전혀 불가능한 비현실적 목표라는 공격에 그는 "쉽기 때문이 아니라 어렵기 때문에 그런 일을 한다."라고 덧붙였습니다. 쉽게 달성할 수 없는 도전적 목표야말로 동기를 부여하고 에너지를 불러일으키는 촉매가 됩니다. 이런 목표에 도전했다 실패하는 것은 손쉬운 성공보다는 훨씬 가치가 있습니다.

세상에서 가장 이자가 높은 은행

세상에서 가장 이자가 높은 은행은 '도전'이라는 이름의 은행이다. 쓰면 쓸수록 줄어드는 것이 아니라 오히려 몇 배가 되돌아온다. 따라서 도전은 하면 할수록 유리하다.

– 나카타니 아키히로, '어제까지의 당신에게 이별을 고하라'에서

촌철활인 | 한 치의 혀로 사람을 살린다

가장 이율이 나쁜 것은 (에너지) 여유분을 그냥 쌓아두는 것입니다. 남겨두지 않고 써버리면 잃어버리거나 도둑맞을 염려도 없습니다. 그러다 언젠가 만기가 되면 엄청난 액수가 되어 되돌아옵니다. 끝없이 도전하는 것, 그것이 바로 인생입니다.

불가능한 것에 도전하는 즐거움

유태(인)식 세미나에서는 이렇게 가르친다. "자기 현실에 비추어 볼 때 말도 안 된다 싶은 것을 상상하라."라고 자기에겐 조금 벅찰 수도 있는 비현실적인 목표를 세워서 그것을 어떻게 이룰 수 있는지 그 실제적인 방법에 대해 생각하라는 것이다. 그렇게 하면 모든 게 가능해진다.

— '천재가 된 제롬'에서

촌철활인 | 한 치의 혀로 사람을 살린다

가야금 명인 황병기 선생님도 '불가능성의 매력'을 중요시합니다. 가능한 것을 가능케 하는 것은 아무것도 아니고, 불가능한 것을 가능하게 만들어야 비로소 감동적인 것이 나올 수 있다는 주장입니다. 물방울로 바위에 구멍을 내는 정도의 불가능해 보이는 일에 도전하는 청소년들이 많아지길 기대해봅니다.

기회의 문을 활짝 열고
뛰어 들어가라

우리 삶에는 두 가지 문이 있다. 하나는 기회의 문이고 다른 하나는 안전의 문이다. 안전의 문으로 들어가면 둘 다 놓치고 만다. 물가에서 머뭇거리지만 말고 물속으로 뛰어들어야 한다. 그것도 머리부터 거꾸로! 위험이 항상 도사리고 있지만 당신을 뛰어오르도록 돕는 친구가 있다면 위험은 별게 아니다.

– 마크 빅터 한센

촌철활인 | 한 치의 혀로 사람을 살린다

위험 없이 이익을 얻는 것, 일하지 않고 보상받는 것은 우리가 태어나지 않고 사는 것만큼이나 불가능한 것입니다. 그렇습니다. 1루에서 발을 떼지 않고는 2루로 갈 수는 없습니다. 위험을 감수하지 않으면 전진은 없습니다.

머리 좋은 것은 오히려 방해가 된다

내가 이제까지 수많은 사람들을 만나면서 내린 결론은, 미래의 일은 생각하지 않고 무턱대고 도전하는 사람이 압도적으로 성공할 가능성이 높다는 것이다. 혼다 창업자인 혼다 소이치로는 분명히 말했다. "머리가 좋으면 성공하는 데 오히려 방해가 된다. 바보처럼 철저히 몰입할 수 없기 때문이다"

— 하마구치 나오타, '세계 리더들이 전하는 위대한 조언'에서

촌철활인 | 한 치의 혀로 사람을 살린다

처음에 불가능해 보이는 것도 열정을 다하다 보면 성공하는 경우가 많습니다. 그러나 두뇌가 명석한 사람들은 현상을 냉정히 분석하고 예단해, 실현 가능성이 낮다고 생각되면 도전조차 않습니다. 해보기 전에는 모른다고 생각하고 과감하게 도전하는 사람들이 때로는 실패도 하지만 성공도 그들이 만들어 내게 마련입니다.

실패하지 않을 수 있는 유일한 길

처음부터 잘되는 일은 아무것도 없다. 실패, 또 실패, 반복되는 실패는 성공으로 가는 길의 이정표다. 당신이 실패하지 않을 수 있는 유일한 길은 당신이 아무런 시도도 하지 않는 것이다. 사람들은 실패하면서 성공을 향해 나간다.

― 찰스 F. 키틀링

촌철활인 | 한 치의 혀로 사람을 살린다

인생이란 학교에서 가장 중요한 과목은 '실패'입니다. IBM 설립자 토마스 왓슨은 "성공하는 방법은 실패를 두 배로 높이는 것이다."라고 말했습니다. 실수를 되풀이하는 것도 어리석은 일이지만 실수가 두려워 시도조차 하지 않는 것은 참으로 어리석고 부끄러운 일입니다.

2천 번을 넘어져야
비로소 걸을 수 있다

우리가 느끼는 두려움은 대부분 머릿속에서 만들어낸 창작품이다. 그걸 깨닫지 못하는 것뿐이다. 걸음마를 배우는 아기를 보자. 아기가 단번에 성공할 거라 믿는가? 다시 서 보고, 그러다 또 쿵 하고 넘어지곤 한다. 아기는 평균 2천 번을 넘어져야 비로소 걷는 법을 배운다.

— 로랑 구넬, '가고 싶은 길을 가라'에서

촌철활인 | 한 치의 혀로 사람을 살린다

자연스러움은 공들임의 결과입니다. 김연아 선수도 수천 번의 엉덩방아를 찧은 다음에야 자연스럽게 점프하는 기술을 얻게 되었습니다. 한 분야에 달인이 되는 비결은 쉬지 않고 연습에 연습을 반복하는 길밖에 없습니다.

어려운 싸움에서
패배하면서 성장한다

작은 성공은 실패 없이도 가능하다. 그러나 큰 성공 뒤에는 항상 쓰라린 실패가 있게 마련이다. 인간은 쉬운 싸움에서 이기는 것보다 어려운 싸움에서 패배하면서 비로소 성장한다.

― 마크 빅터 한센

촌철활인 | 한 치의 혀로 사람을 살린다

사람이면 누구나 실패를 하게 됩니다. 실패와 역경을 딛고 일어서는 역전의 드라마는 더욱 더 찬란하게 빛납니다. 실패와 역경은 신이 내린 선물임에 틀림없습니다.

실패 예찬

여러분이 하버드 졸업생이라는 사실은 곧 실패에 익숙하지 않다는 뜻이기도 합니다. 하지만 성공에 대한 열망만큼이나 실패에 대한 공포가 당신의 삶을 좌우할 것입니다. 인생에서 몇 번의 실패는 피할 수 없는 것입니다. 실패 없이는 진정한 자신도, 진짜 친구도 결코 알 수 없습니다. 이것을 아는 것이 진정한 재능이고 그 어떤 자격증보다 가치 있는 것입니다.

– 조앤 롤링(해리 포터 작가), '하버드대 졸업식 축사'에서

촌철활인 | 한 치의 혀로 사람을 살린다

실패예찬 몇몇을 함께 살펴보세요. "빨리 실패하라. 그러면 더 빨리 성공할 것이다."(데이비드 켈리, VDEO창업자) "실패하라, 다시 실패하라, 더 나은 실패를 하라."(사무엘 베켓, 노벨문학상 수상자) "실패를 즐기는 사람이 세상을 지배한다."(리처드 파슨)

Change의 'g'를 'c'로 바꾸면

나는 힘이 센 강자도 아니고, 그렇다고 두뇌가 뛰어난 천재도 아닙니다. 날마다 새롭게 변했을 뿐입니다. 그것이 나의 성공 비결입니다. 'Change(변화)'의 g를 c로 바꿔보십시오. 'Chance(기회)'가 되지 않습니까? 변화 속에 반드시 기회가 숨어있습니다.

— 빌 게이츠

촌철활인 | 한 치의 혀로 사람을 살린다

변화보다는 안정을 추구하는 것이 인간의 본성입니다. 그러나 현실에 안주해서는 새로운 기회를 찾기 어렵습니다. 따라서 인간 본성을 거슬러, 변화를 잘하는 사람이 경쟁력이 더 있고 성공할 확률도 높습니다.

헌 밧줄을 놓아야
새 밧줄을 잡을 수 있다

세상에서 가장 위험한 일은 위험을 전혀 감수하려 하지 않는 것이다. 잡고 있는 헌 밧줄을 놓아야 새 밧줄을 잡을 수 있다. 똑같은 일을 비슷한 방법으로 계속하면서 나아질 것을 기대하는 것만큼 어리석은 일은 없다.

— 아인슈타인

촌철활인 | 한 치의 혀로 사람을 살린다

인생은 늘 위험으로 가득 차 있습니다. 과감하게 도전하지 않고 현실에 안주하려는 것이 더 큰 위험이 되기도 합니다. 확실한 것은 위험을 감수하는 자만이 무언가를 성취할 수 있다는 사실입니다. No risk, No Gain 익숙하고 편안한 과거, 즉 안전지대로부터 과감히 탈출하여 도전지대를 향해 지금 바로 나가야 할 이유가 여기에 있습니다.

권선복
(도서출판 행복에너지 대표이사)

출판사를 경영하면서 참으로 다양한 도서를 세상에 내놓았지만 '행복한 경영이야기' 열 권 시리즈 출간만큼은 그 감회가 남다릅니다. '행복한 경영이야기'의 애독자로서, 휴넷 조영탁 대표의 팬이었던 제가 직접 이 시리즈를 제작했다는 사실만으로도 가슴이 벅찬 까닭입니다.

수차례 출간회의를 하며 교류한 조영탁 대표는 굉장히 유연한 사고방식과 인간미가 넘치는 사업관을 지닌 분이셨습니다. 한편으로는 완벽한 자기관리를 추구하는, 냉철한 CEO의 면모 또한 엿볼 수 있었습니다. 그렇기에 더욱 자신 있게 '행복한 경영이야기' 열 권 시리즈를 도서출판 행복에너지에서 야심작으로 출간할 수 있었습니다. 자신만의 성공과 특권이 아닌, 타인의 행복한 삶까지 늘 돌보는 그분의 마음은 진심이기 때문입니다.

행복한 경영이야기의 10년의 여정, 조영탁 대표의 그 열정에 다시 한 번 힘찬 응원의 박수를 보내며 행복에너지가 대한민국 방방곡곡에 전파되어 많은 사람들의 삶이 행복을 영위하게 되길 진심으로 기원합니다.

〈모교 책 보내기 운동〉

대한민국의 뿌리, 대한민국의 미래 **청소년·청년**들에게 **책**을 보내주세요.

　많은 학교의 도서관이 가난해지고 있습니다. 그만큼 많은 학생들의 마음 또한 가난해지고 있습니다. 학교 도서관에는 색이 바래고 찢어진 책들이 나뒹굽니다. 더럽고 먼지만 앉은 책을 과연 누가 읽고 싶어 할까요?
　게임과 스마트폰에 중독된 초·중고생들. 입시의 문턱 앞에서 문제집에만 매달리는 고등학생들. 험난한 취업 준비에 책 읽을 시간조차 없는 대학생들. 아무런 꿈도 없이 정해진 길을 따라서만 가는 젊은이들이 과연 대한민국을 이끌 수 있을까요?

　한 권의 책은 한 사람의 인생을 바꾸는 힘을 가지고 있습니다. 한 사람의 인생이 바뀌면 한 나라의 국운이 바뀝니다. **저희 행복에너지에서는 베스트셀러와 각종 기관에서 우수도서로 선정된 도서를 중심으로 〈모교 책 보내기 운동〉을 펼치고 있습니다.** 대한민국의 미래, 젊은이들에게 좋은 책을 보내주십시오. 독자 여러분의 자랑스러운 모교에 보내진 한 권의 책은 더 크게 성장할 대한민국의 발판이 될 것입니다.

　도서출판 행복에너지를 성원해주시는 독자 여러분의 많은 관심과 참여 부탁드리겠습니다.

도서출판 **행복에너지** 임직원 일동
문의전화　0505-613-6133

성공하는 자녀의 네 가지 비밀

박찬승 지음 | 300쪽 | 값 15,000원

영재아이는 태어나는 것이 아니라 만들어지는 것이다! 대전과학고 교장 및 KAIST 영재 선발위원회, 대전교육청의 장학관으로 지내오며 영재교육의 중요성과 그 방법에 대해 연구해온 박찬승 저자(현 유성고등학교 교장)가 제시하는 영재교육의 비밀! 많은 시간 아이들을 만나오며, 그들에게 교육의 열정을 쏟아온 저자의 모든 노하우가 담겨있다.

올드맨쏭

이제락 지음 | 264쪽 | 값 13,000원

"바닷바람에 묻혀 살아가던 한 남자에게 벌어진 사건! 숨겨졌던 그의 이야기가 피아노 선율처럼 울려 퍼진다. 행복은 다시 그에게 허락될까?" 배우로, 감독으로, 이제는 소설가로 돌아온 이제락의 숨겨왔던 이야기. 몇 년간 그의 품속에 있던 이야기가 이제 세상에 나온다. 2013년 11월, 그의 이야기가 가을바람처럼 마음에 불어올 것이다.

부부가 함께 만드는 행복 사다리

신진우 지음 | 284쪽 | 값 15,000원

그렇게나 사랑한 나머지 손을 꼭 붙들고 함께 식장에 들어섰던 그 혹은 그녀의 존재를 재확인하고 다시 인정하는 것에서부터 관계의 회복은 시작된다. 책 『부부가 만드는 행복 사다리』는 너무나도 당연한 부부간의 다툼을 어떻게 받아들이고 부부싸움 후 어떠한 방식으로 화해의 실마리를 풀어가야 하는가에 대해 한 수 알려준다.

인생 네 멋대로 그려라

이원종 지음 | 304쪽 | 값 15,000원

내 인생은 남이 그려 주지 못한다. 내가 그려야 한다. 내가 하고 싶고 나만이 할 수 있는, 독특한 내 멋대로의 인생을 그려 가야 한다. 이왕이면 대작, 천하를 호령하는 걸작을 그려 가야 하지 않겠는가? 자신이 느끼고 체험했던 사실들이 인생의 초행길을 가는 젊은이들에게 자그마한 등불이 되길 바라는 저자의 마음을 느껴보자.